KB073206

이종원의 역학골프 2

생각하는 퍼팅

Dr. Lee's Mechanical Golf (Book 2):
Think about Putting Mechanics to Sink a Putt

Copyright @ 2016 Chong-Won Lee
All rights reserved.
Printed in KOREA.

저작권자 ⓒ 2016 이종원
이 책의 저작권은 저자에게 있습니다.
인용과 발췌 시에는 반드시 저자를 밝혀야 합니다.

이종원의 역학골프 2

생각 하는
퍼팅

발 행 일 | 2016년 4월 8일 초판 인쇄
          2022년 12월 28일 3쇄 인쇄
지 은 이 | 이종원
펴 낸 이 | 이기봉
펴 낸 곳 | 도서출판 좋은땅
주 소 | 서울특별시 마포구 양화로12길 26 지월드빌딩 (서교동 395-7)
편 집 | 좋은땅 편집팀
전 화 | 031)374-8616~7
팩 스 | 02)374-8614
홈페이지 | www.g-world.co.kr
이 메 일 | gworldbook@naver.com

ISBN 979-11-5982-050-2 (03690)

값 15,000원

● 잘못된 책은 구입하신 서점에서 바꾸어 드립니다.

이종원의 역학골프 2

생각 하는 퍼팅

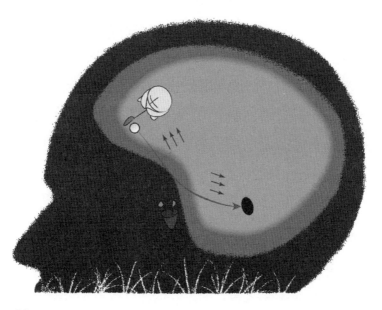

THINK ABOUT PUTTING MECHANICS TO SINK A PUTT

좋은땅

서문

. . .

    골퍼라면 누구나 들어 알고 있는, 드라이브 타구가 '쇼'라면 퍼팅은 '돈'이라는[1] 진부한 유행어가 아니더라도 타수를 줄이려면 결국 퍼팅 실력을 연마해야 함은 누구나 잘 알고 있다. 매 18홀 경기 중에 드라이버는 기껏해야 14번 휘두르지만, 퍼터는 총 타수의 약 40%인 30번 이상 잡아야 한다. 그린에서의 퍼팅으로 매홀 승부가 나므로 당연히 골프경기 현장 TV 중계방송에서도 선수들의 경기 상황을 극적으로 중계하다 보니 방송시간의 약 40%를 퍼팅 장면에 할애할 정도로 퍼팅이 중요시된다. 특히 그린 관리 기술의 향상으로 그린이 갈수록 빨라지고 관리의 편의성으로 그린의 크기가 커지는 추세에 따라 온그린은 쉬워지는 반면 퍼팅은 점점 더 어려워지고 있다.

    골프에서 차지하는 퍼팅의 중요성만큼 퍼팅 준비자세와 스트로크에 대한 수많은 이론과 연습 방법도 꾸준히 연구, 개발되어왔다. 특히 어떻게 하면 퍼팅 스트로크를 일관성 있게 유지하여 퍼팅 성공률을 높일 수

---

1) 영어 표현은 'Driving is for show, putting is for dough.'

4

있는가는 늘 골프 애호가들의 초미의 관심사이다. 물론 퍼팅 스트로크와 아울러 꼭 필요한 기술은 그린의 상태와 경사를 읽는 방법이다. 아무리 퍼팅 스트로크가 완벽해도 퍼트선을 제대로 읽지 못한다면 퍼팅에 실패할 수밖에 없다.

퍼팅 준비자세와 스트로크에 대한 책이나 자료는 시중에 수없이 많다. 아마도 그들 대부분이 백스윙은 어떻게 하고 어깨와 팔로 이루어지는 삼각형은 어떻게 유지하고 공의 위치는 어디라야 하고 퍼터진로는 어떻게 잡아야 하는지 등등 주장하는 바와 다루는 소재도 각양각색으로 다르다. 또 퍼팅 실력 향상을 위한 각가지 퍼팅 연습 요령이나 각종 보조 기구 이용법이나 심리 통제법도 다양하게 소개되고 있다. 그러나 그린에서의 퍼터 헤드와 공의 충돌 및 골프공의 운동 역학에 기본을 둔 퍼팅 기술에 대한 책은 희소하며 그나마 다루는 범위도 매우 제한적이다.

이 책에서는 매우 주관적일 수 있고 주장하는 바도 각기 다른 퍼팅 준비자세와 스트로크나 심리 통제에 대한 부분은 다루지 않는다. 대신 주로 보통 퍼팅 관련 책이나 자료에서 잘 다루지 않는 퍼터와 퍼팅 관련 역학 개념과 이를 응용한 퍼팅 기술을 소개하고자 한다. 이 책은 내가 수년 전부터 구상해온 이종원의 역학골프 시리즈의 제2편이다. "역학골프 (Mechanical Golf)"는 2009년 내가 창안한 신조어로 역학으로 배우는 골프 즉 역학 원리를 이용하여 골프를 새롭게 이해하고 제대로 배우는 방법을 일컫는다. 2011년 출판된 제1편 『각도 알고 타수 줄이기』는 골프공의 탄도 특성을 결정짓는 타구 때 골프 클럽에서 중요시되는 4개의 각도, 즉 로프트각, 페이스각, 라이각, 바운스각의 상호 연성관계를 역학 원리를 이용하여 설명하고 이를 바탕으로 각종 트러블 샷을 비롯한 실전에서 어떻게 응용하여 타수를 줄일 수 있는가에 대한 이론을 전개하였다.

이 책은 1장 서론 부분을 제하고 크게 두 부분으로 나뉜다. 먼저 제2장 '퍼터' 편에서는 각종 퍼터의 구조와 기술 명세에 대해서 다루었다. 다른 13개 클럽의 역할이 따로 있듯이 퍼터는 그린 위나 주변에서 골프공을 홀 안으로 바로 떨어뜨려야 하는 사명이 있고 그에 적합한 구조와 성능을 가진다. 그러나 퍼터의 설계나 제조방법은 다양하여 시판되고 있는 퍼터의 종류도 수없이 많은데, 퍼터의 역학적 기술명세를 이해하지 못하고 유행하는 디자인이나 색상, 주위 권고에 따라 맹목적으로 퍼터를 고르는 경우가 많다. 특히 선물이나 각종 친선 경기에서 부상으로 주어지는 퍼터를 무작정 사용하다 보면 퍼팅 실력이 매 경기마다 들쭉날쭉할 수 있고 그러다 보면 새 퍼터에 맞추어 매번 퍼팅 자세나 스트로크를 바꾸기도 하는 촌극도 연출한다. 제2장 퍼터 편의 목적은 퍼터의 기술명세를 이해하는 방법을 배움으로써 각자의 퍼팅 습관이나 취향에 맞는 퍼터를 잘 "생각하고" 고를 수 있게 하는 데 있다.

제3장 '퍼팅 역학' 편에서는 퍼팅 준비자세와 스트로크는 어떻게 해야 하고 손잡이는 어떻게 하고 멘탈은 어떻게 해야 하고 퍼팅 연습은 어떻게 해야 하는지 등에 대해서는 다루지 않는다. 흔히 국내 골프장에서의 경기에서 그린을 읽는 기술이 크게 필요하지 않은 이유는 경기 도우미의 도움을 받을 수 있기 때문이다. 그래서, 좋은 경기 도우미를 만나면 퍼팅

잘 되고 아니면 잘 안 된다. 즉 내 퍼팅 실력이 아니라 경기 도우미 실력이 크게 타수를 좌우한다. 그러나 앞으로는 점점 미국이나 유럽처럼 경기 도우미 없이 경기해야 하는 시대가 다가올 것이고, 간혹 국내 골프장에서도 경기 도우미 없는 경기를 시도하고 있기도 하다. 한편 경기자 스스로 그린 빠르기나 경사도를 읽고 그린에서의 골프공의 운동역학 이해로부터 퍼트선을 상상하고 조준점도 찾다 보면 퍼팅이 한결 재미있게 된다. 제3장 퍼팅 역학에서 다루는 내용은 "생각하는 퍼팅"이다.

일반 독자들은 이 책에 소개된 퍼팅 역학 원리를 이해하는 데 약간 어려움이 있을 것으로 예상한다. 이 책에서는 퍼팅을 단순 반복 훈련으로 몸에 익혀야 할 기술이 아닌 그 역학 원리를 이해하여 변화무쌍한 실전 퍼팅에서 경기자가 임기응변으로 적절히 응용할 수 있도록 시도했다. 따라서 초급자보다는 퍼팅의 역학 원리에 관심이 있는 중, 상급자와 지도자를 위해 되도록 쉽게 설명하기 위해 노력했으며 좀 더 깊이 있는 역학 원리에 관심이 있는 독자들을 위해서 비교적 전문적인 역학 원리는 따로 모아 부록으로 정리했다. 그래서 이 책 제목도 "생각하는 퍼팅"으로 정했다. 그렇다고 막상 그린에서 거리를 재느라 경사를 읽느라 퍼트선을 상상하느라 꾸물거리고 퍼팅을 할 듯 말듯 오래 지체하여 동반자들의 인내심을 시험해서는 안 된다. 동반자들에게 민폐가 되지 않도록 미리미리 생각하고 그린에 올라가면 부지런히 움직이고 머뭇거림을 최소화한 후 준비되면 바로 퍼팅을 해야 노력한 만큼의 효과를 얻을 수 있다.

이 책에서 소개하는 내용은 물론 퍼터와 퍼팅 역학에 대한 기존의 지식을 요약하여 정리한 부분도 있지만, 내가 독자적으로 터득하여 보완한 내용도 적지 않다. 따라서 일부 검증되지 않은 독자적 해석에 대한 오류가 있을 수 있으며, 이에 대해서는 전문가들의 조언과 비판을 겸허히 받고자 한다.

표지 디자인을 도와준 딸 보라미에게 고마운 마음을 전한다.

2016년 2월
대전에서

이책의 차례

제3장 퍼팅 역학

부록 역학 원리(* 표시가 있는 11개 주제 관련 역학 원리 추가 설명)

제1장

서론

1-1 퍼팅 용어

이 책에서 쓰는 퍼팅 관련 용어를 정리하여 소개한다.

가상 홀(imaginary hole): 조준선에서 홀과 가장 가까운 지점으로 휜 거리 측정의 기준이 된다. 가상 표적(imaginary target)이라고도 부르며 퍼팅에서 마치 실제 홀이 그 위치에 있는 것처럼 상상하고 조준하는 표적이 된다.

경사축(tilt axis): 낙하선에 직각, 즉 퍼팅각이 90도이고 홀 중심을 지나는 수평선이며 같은 퍼팅 거리에서 퍼트선의 휨, 즉 휜 거리가 최대값에 근접하는 방향이다.[1) 홀 중심을 지나는 직선 등고선(contour)이기도 하다.

공-홀선(ball-hole line): 그린에서 공과 홀 중심을 잇는 가상 직선. 낙하선에서의 퍼팅 말고는 퍼트선과 다르나 퍼트선을 예측할 때 기준선으로 쓰인다. 공-홀선의 길이가 퍼팅 거리가 된다.

낙하선(fall line, zero break line): 경사가 있는 홀 주위에서 홀 중심을 지나면서 가장 경사가 급한 방향으로 그린 가상 직선. 낙하선에서 홀 중심을 향해 퍼트하면 퍼트선이 낙하선과 일치하는 직선이 된다.

스팀프(Stimp): 스팀프 지수라고도 부르며 그린 빠르기를 피트(feet)로 표시한 숫자로 스팀프 8~12가 보통이다. 스팀프 12의 그린에서는 스팀프

---

1) 아래 그림에서 알 수 있듯이 엄밀하게는 퍼팅각이 90도일 때보다 90보다 약간 클 때 휨(휜 거리)이 최대가 된다. 경사축과 퍼트선 최대 휨 방향의 차이는 퍼팅 거리가 가까우면 크지만, 퍼팅 거리가 멀어지면 무시할 만큼 작아진다.

6인 그린과 비교해서 같은 퍼팅 조건에서 공이 2배 멀리 구른다. 국내에서는 국제표준(SI) 거리단위인 미터(m)로 표시하기도 하는데 이때는 3.3을 곱해야 국제적으로 통용되는 피트 단위의 스팀프로 환산된다.

스팀프 퍼팅(one stimpmeter putting): 편평한 그린에서 스팀프 거리만큼 공이 굴러가도록 하는 퍼팅. 이때 공 발사속도는 약 2m/s로 마치 스팀프 측정기를 이용하여 그린 빠르기를 측정할 때의 상황을 재현한 듯한 퍼팅이다.

심리 통제(mental control): 경기 중 주변 상황 변화에도 흔들림 없는 경기자 자신의 정신이나 심리 제어 능력을 뜻하며 경기 성적은 골프 기술보다 정신 통제력에 따라 크게 좌우된다는 것이 정설이다. 국내에서는 흔히 줄여서 멘탈(mental)이라고 간단히 부르기도 한다.

에이프런(apron): 페어웨이에서 그린에 접근하기 쉽게 조성한 비교적 잘 다듬어진 그린 주변 잔디 지역. 프린지 또는 칼라와 혼용해서 쓰기도 한다.

장전 퍼팅(charge putt): 퍼트한 공 속도가 제법 빨라서 홀 반대편 안쪽 벽을 치고 홀 안으로 도로 떨어지도록 하는 과감한 퍼팅. 조금 지나치면 공이 홀 중앙을 통과해도 지나치게 된다.

정점(apex, break point): 경사면 퍼팅에서 곡선 퍼트선 위 공-홀선으로부터 가장 먼 점. 공-홀선과 정점의 거리를 보통 휨으로 정의하고 있으나 이 책에서는 휜 거리를 휨으로 새로 정의하고 있다.

조준각(aim angle): 공-홀선과 조준선 사이의 끼인각.

조준선(aim line): 공과 조준점을 잇는 직선.

조준 오차각(aim error): 퍼팅에서 공의 실제 발사방향과 조준선 차이각.

조준점(aim point): 홀 주위 낙하선을 따라 경사 높은 쪽에 설정한 조준 기준점.

조준점 거리(aim point distance): 중력 벡터의 크기로 휜 거리보다 크거나 같다. 홀 중심에서 조준점까지의 거리이기도 하다.

중력 벡터(gravity vector): 조준점에서 홀 중심까지의 거리 벡터. 방향은 늘 낙하선을 따라 경사 낮은 쪽을 향한다.

중력 퍼팅(die putt): 퍼트한 공이 가장 가까운 홀 가장자리까지 와서 정지한 후 중력으로 홀 안으로 떨어지도록 하는 극적인 퍼팅. 최소의 퍼팅 속도로 성공한 예에 해당하며 퍼트한 경기자가 홀에 다가와서 확인 후 10초 이내에 공이 움직여 홀에 들어가야 유효하다.[2]

최적 공 속도(optimal ball speed): 중력 퍼팅과 장전 퍼팅의 중간으로 퍼트한 공이 홀을 놓쳤을 때 홀을 30~45cm 지나치도록 하는 공 속도로 퍼팅 성공률이 가장 높다.

타면 정렬불량(face misalignment): 타구 순간 퍼터 타면(face)이 향한 방향과 조준선이 일치하지 않을 때의 차이각.

---

2) USGA Rule 16-2 참조.

퍼터진로(putter vector/path, putting stroke): 퍼터 헤드가 타구 전후 또는 타구 순간 조준선을 기준으로 이동하는 경로. 타구 순간 퍼터진로가 조준선과 어긋난 각도를 퍼터진로 정렬불량각이라고 한다.

퍼터진로 정렬불량(putter path misalignment): 타구 순간 퍼터진로 방향과 조준선이 일치하지 않을 때의 차이각.

퍼트선/경로(putt line/path): 퍼트한 공이 가상의 홀을 향해 움직이다가 정지할 때까지 실제 움직인 직선 또는 곡선 궤도. 퍼트선이 가상의 홀 안쪽을 통과하면 퍼팅 성공률이 높다. 성공률이 가장 높은 퍼트선은 최적 퍼트선이 된다.

퍼팅각(angle of putt): 공-홀선이 낙하선에서 벗어난 각도로 0도이면 낙하선에서 직선 오르막 퍼팅, 90도이면 휨이 큰 경사축에서 퍼팅, 180도이면 낙하선에서 직선 내리막 퍼팅이 된다.

풀숲(rough): 페어웨이보다 풀이 길어서 타구 시 불이익을 받도록 페어웨이 주변이나 그린 주변에 조성한 지역.

프린지(fringe): 둘레 약 1m 정도 폭의 그린보다 잔디 높이가 약간 높아 기다란 띠처럼 보이는 지역. 소위 온그린이 아니므로 공을 마크하고 집을 수 없다. 칼라(collar)라고도 함.

휨(break): 경사 그린 퍼팅에서 퍼트선이 휘는 것을 일컫는다. 흔히 쓰는 '라이가 있다'는 표현은 맞지 않으며 때에 따라서는 휜 정도, 좀 더 구체적

으로는 휜 거리를 의미한다. 휜 거리는 홀 중심에서 조준선 위의 가상 홀
까지의 거리이다. 경사축에서 퍼트할 때는 휜 거리와 중력 벡터 크기가
같아진다. 보통 휨 또는 휜 거리는 공-홀선에서 퍼트선이 벗어나는 최대
거리(폭)를 뜻하나 여기서는 홀 중심에서 조준선(또는 가상 홀)까지의 거리
를 말한다.

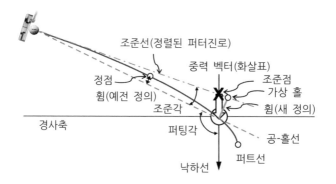

우드나 아이언 타구에서는 실수 하더라도 바로 불리한 타수를 만회할 기회가 최소 한번은 오지만 퍼팅에서는 실수를 만회할 기회 없이 곧바로 타수에 그대로 반영되기 때문에 골프 경기에서 매우 중요한 역할을 한다. 더구나 그린 관리 기술의 발전에 힘입어 그린 빠르기와 크기도 갈수록 증가하면서 그린 공략은 쉬워지는 대신 그린에서 퍼팅의 중요성이 더욱 커지고 있다. 예를 들어 그린 빠르기를 공식적으로 측정하기 시작한 1976년에는 미국 골프장 그린의 평균 스팀프는 겨우 6.5였고 공식 경기 때도 10 미만이었으나 최근 LPGA 투어는 10~11, PGA 투어는 12~13으로 그린이 갈수록 빨라지는 경향이 있다. 한편으로는 클럽의 과학적 설계 및 제조기술의 발달로 비거리, 방향성, 제어성, 실수 관용성에서 괄목할 만한 진전과 함께 갈수록 넓어지는 그린 면적 때문에 그린 적중률이 높아짐에 따라 결국 승부 가르기는 퍼팅 실력으로 귀결된다고 해도 과언이 아니다. 골프 경기 총 타수에서 퍼팅이 차지하는 비율은 40~45%로 퍼터 한 개의 클럽이 골프 경기에서 차지하는 비중이 나머지 13개의 클럽과 대동소이하다. 통계에 따르면 PGA나 LPGA 투어 상금순위 상위자 대부분이 퍼팅에서 두드러진 실력을 갖추고 있음이 이를 증명하고 있다. 요즘 골프 대회 TV 중계방송에서 대부분 방송시간을 퍼팅 그린 주변에서의 경기에 할애하고 있는 것만 보아도 현대 골프에서 퍼팅이 차지하는

비중이 날로 커지고 있음을 실감할 수 있다.[1]

그러면 퍼팅을 어떻게 하면 잘할 수 있나? 우드, 아이언이나 웨지 타구보다 퍼팅은 일견 매우 쉬워 보이고 특별한 훈련 없이 어린아이들도 할 수 있는 단순한 운동으로 보인다. 우드나 아이언 타구 때 비거리뿐 아니라 타구 방향의 정확도가 중요하다. 이와 비교하여 가까운 퍼팅 거리라도 퍼팅에 성공하려면 퍼팅 속도와 방향에 대한 훨씬 높은 정확도가 요구되므로 퍼팅이 오히려 어렵다. 더구나 다른 타구는 바람의 영향을 제외하고는 균일한 밀도의 공기 중을 날아간 후에 착지하기 때문에 비교적 탄도의 예측이 가능하지만, 빠른 경사 그린 위에서 구르는 공의 운동을 세밀하게 예측하기는 매우 어렵다.

퍼팅에서 요구되는 것은

1. 그린의 상태, 경사와 빠르기를 잘 읽은 후
2. 적절한 퍼팅 속도로
3. 조준을 정확히 하고
4. 자신(심리 통제력) 있게
5. 일정한 박자(리듬)로
6. 일관성을 유지하는 것이다.

퍼팅 준비자세(위 항의 2, 3, 5, 6번 해당)에 대한 이론은 무궁무진하다. 퍼

---

1) 실제 내가 조사한 바에 따르면 골프 대회 중계방송 시간 중 광고, 코스 레이아웃, 대회 및 주요 참가 선수 소개, 최근 또는 이전 경기의 주요 장면, 리더 보드 등 선수 경기 중계와 직접 관계없는 내용 12%를 제외한 순수 현장 중계에서 퍼팅 장면이 차지하는 비율은 무려 40% 이상이다.

팅 준비자세에서는 조준선을 향해 양발을 어깨너비만큼 벌려야 하고, 허리는 45도로 굽혀야 하고, 목은 수평으로 늘리고, 눈 바로 아래 수선이 만나는 위치에 공을 놓되 우성 눈이 오른눈이면 양발 중앙보다 약간 홀쪽으로 놓아야 한다. 또 양팔은 자연스럽게 긴장하지 않고 수직으로 길게 늘어뜨리고, 양손으로 손잡이(grib)를 가볍게 잡고 스윙 평면을 수직으로부터 10도 정도 기울어지도록 하고, 스윙진로는 직선 또는 원호를 그리되 진자가 흔들리는 자연스러운 박자로 타구 해야 한다.

그러나 이러한 지침의 의도는 결국 퍼팅 준비자세에서의 일관성을 유지하려는 노력의 일환이다. 역학적 관점에서 보면 퍼터 헤드가 3차원 공간에서 그리는 운동은 소위 6자유도를 갖는데 이를 퍼팅 스트로크와 결부시키면[2] 상하 운동 (지면에 대해), 좌우 운동 (조준선 수직 방향), 전후 운동 (조준선 방향), 팔목 꺾임, 팔목 비틀림, 체중 이동이 이에 해당한다. 이 중에서 공을 적절한 속도로 조준선 방향으로 똑바로 보내기 위해 필요한 전후 운동을 제외한 나머지 5개의 자유도를 잘 구속하여야 늘 일관성 있는 퍼팅이 이루어진다. 결국, 퍼팅 준비자세에 대한 수많은 이론은 이를 구체적이고 효과적으로 구현하는 방법에 대한 것으로 개개인의 취향, 신체 및 체력 조건, 경기력 차이 등에 따라 선호하는 방법이 달라진다.

심리 통제력(mental/mind control, 위 항의 4번)의 중요성에 대해서는 구구한 설명이 필요 없다. 2015년 US 오픈 마지막 날 파5 18번 홀에서 3.8m 이글 퍼트를 남긴 더스틴 존슨(Dustin Johnson)이 퍼팅에 성공하면 챔피

---

2) Frank Thomas and Valerie Melvin, The Fundamentals of Putting, Frankly Golf, 2012

언이 되고 실패하더라도 연장 승부전을 치를 수 있는 절호의 기회를 맞아 1.2m 벗어난 버디 퍼트마저 실패하여 우승컵을 조던 스피스(Jordan Spieth)가 가져갔다. 이 사례를 보더라도 퍼팅에서는 평소 실력 못지않게 승부의 압박감을 이겨낼 수 있는 강한 정신력이 요구된다는 것이 자주 입증되고 있다. 참고로 PGA 투어 선수 기준 3.8m 거리에서의 퍼팅 성공률은 약 27%에 지나지 않지만 3 퍼트할 확률은 1%에 지나지 않는다. 2015년 인천에서 열린 그야말로 세계 최고 골프선수들의 각축장이라고 할 수 있는 프레지던트 컵 대회에서의 매치 경기 승부의 갈림도 결국 선수들의 치열한 퍼팅 실력 못지않게 강한 정신력에 따라 좌우되었다.

마지막으로 퍼팅 준비자세나 기술, 심리 통제력만큼이나 중요한 것은 천부적으로 타고 날 수도 있고 꾸준한 노력으로 체득할 수도 있는 그린의 상태와 경사를 읽는 능력과 퍼트선에 대한 뛰어난 상상력이다(위 항의 1번 해당). 이러한 능력은 역학 지식으로 충분히 정확하게 이해할 수 있는 영역은 아니지만, 퍼팅의 성공률을 확률적으로 높일 수 있는 부러운 재능임은 틀림없다. 1930년대 당시 미국 최고의 골퍼로 명성을 날리던 바비 존스(Bobby Jones)도 퍼팅 만은 과학의 영역이 아니라고 했다고 하는데[3] 이는 일관된 퍼팅 스트로크 유지의 어려움보다는 그린의 상태와 경사를 제대로 읽고 퍼트선을 정확히 상상하는 데 따른 어려움을 피력한 것으로 이해된다.

---

3) H. A. Templeton, Vector Putting: The Art and Science of Reading Greens and Computing Break, Vector Golf Inc., 1986, p.3.

결국, 이론이야 어떻든 환경의 영향을 덜 받으면서 개개인의 특성에 맞는 자연스럽고 일관성 있는 퍼팅 준비자세를 익히면 충분하다. 또 퍼팅 순간에 요구되는 고도의 정신 집중과 자신감 유지에 대한 것은 개개인의 타고난 성품 이외에도 평소 끊임없는 정신 수양과 체계적인 심리 통제 훈련(mental training)이 필요하다. 이러한 의미에서 이 책에서는 퍼팅 준비자세와 심리 통제 훈련에 대한 주관적 논의는 논외로 하고 대신 퍼터의 역학적 명세와 그 기능, 역학 개념을 활용하는 퍼터 고르기와 퍼팅 방법에 한정해서 기술한다. 그린 경사를 읽는 데 도움이 될 만한 내용도 소개는 하지만 아직 실전에서 효과적으로 응용하기에는 어려움이 많아 보인다.

제2장

퍼터

----

* 표시가 있는 주제 관련 역학 원리는 부록에 수록

2-1 골프 경기의 종결자

골프 클럽은 드라이버, (페어웨이)우드, 아이언, 웨지와 퍼터로 구분하며 경기자는 이 중 최대 14개의 공인된 클럽을 선택해서 공식 경기에 출전한다. 우드나 아이언이나 웨지로 이루어지는 12개 클럽의 조합은 경기자의 선택 사항이지만 드라이버와 함께 퍼터는 모든 경기자의 필수 클럽이다. 요즘 유행하는 하이브리드 클럽은 우드나 긴 아이언의 변형이며 치퍼(chipper)도 로프트각(loft)을 크게 한 퍼터에[1] 지나지 않는데, 퍼터를 2개 이상 가지고 다니지 말란 법은 없다.

"퍼터는 돈, 드라이버는 자존심"이라는 속설이[2] 있듯이 중급자의 18홀 경기 중 드라이버는 기껏해야 14번 휘두르지만 퍼터는 그 사용 빈도가 총 타수의 40%나 되는 가장 많이 쓰이는 클럽으로, 타수 관리 면에서는 가장 중요한 클럽이라고 할 수 있다.

일찍이 영국 스코틀랜드에서 시작한 골프는 초원에서 목동들이 막대기로 돌을 쳐서 토끼굴에 집어넣는 게임으로부터 탄생했다는 설이 있을 정도로 초기에는 자연 그대로의 환경에서 경기하였다. 따라서, 소위 황량한 분위기의 링크스(links) 유형 골프 코스가 유행하기도 했다. 어쨌든 과거에는 그린도 잘 가꾸어지지 않아 그린 상태가 매우 열악했으며 그린

---

1) 로프트각이 3~4도인 퍼터와 비교하여 치퍼의 로프트각은 대략 30도로 큰 편이다. 이종원, 골프역학 역학골프, 청문각, 2009, p.247 참조.
2) "드라이버는 쇼, 아이언은 과학, 웨지는 예술, 퍼터는 현금"이라는 우스갯소리도 있다.

빠르기도 느린 편이었고 관리도 물론 엉망이었다. 요즘과 달리 초기에는 티 타구 한 공을 홀에 집어넣을 때까지 공에 손을 댈 수 없도록 하는 경기 규칙이 적용되었으므로 설사 그린에 올린 공에 진흙이 묻었거나 동반 경기자의 공이 내 퍼트선에 있어도 그대로 퍼트할 수밖에 없었다. 그린에 올라간 공을 집어들고 잘 닦아서 다시 놓고 경기할 수 있는 규칙 개정은 비교적 최근의 일이다.

골프가 미국에 건너가 유행하면서 이에 재미를 더하기 위해서 골프장 설계에서도 인공미를 도입하게 되었고 1970년대 후반에 도입된 스팀프 측정기(stimpmeter)의[3] 출현으로 그린 잔디를 짧게 유지하면서 그린 빠르기를 조절할 수 있는 그린 관리 기술이 향상됨에 따라 그린이 점점 빨라지게 되었다. 가장 빠른 그린의 대명사격이고 US 오픈이 열리는 조지아의 오거스타(Augusta) 골프장 그린의 스팀프는 13으로 보통 동네 골프장 그린 빠르기의 2배 가까이 된다. 클럽 설계 기술의 비약적 발전으로 과거보다 트러블 타구에서의 탈출이 비교적 쉬워지는 반면 그린이 점점 빨라짐에 따라 현대 골프에서는 퍼팅의 중요성이 더욱 두드러지고 있다. 그래서인지 퍼터가 골프 경기의 승부에서 차지하는 비중이 갑자기 커진 느낌이다. 호쾌하게 공중을 가르며 날리는 드라이브나 페어웨이 타구, 감탄사가 절로 나오는 정교한 아이언 타구, 100야드 이내 그린 공략에서 공을 홀에 붙이는 묘기를 부리는 웨지 타구, 각종 위기 상황에서 극적 반전을 노리는 트러블 타구 등은 타수와 관계없이 골프의 묘미와 진수를

---

3) 스팀프 측정기에 대해서는 제3.1절 '그린 빠르기와 스팀프 측정기'에서 자세히 다룬다.

여실히 보여준다고 해도 과언이 아니다. 이와 달리 퍼팅은 한결같이 그린이라는 잘 가꾸어진 제한된 장소 또는 그 근처에서 골프공을 굴려서 홀에 집어넣는 마루운동에 지나지 않아 보인다. 그것도 극히 드문 때를 빼고는 퍼터라는 지정된 클럽만으로 경기를 하게 된다.

요즘 TV로 중계되는 골프 대회에서 대부분 중계시간이 퍼팅에 할애되고 있는 것만 봐도 퍼팅이 승부에 얼마나 결정적인 영향을 미치는지 가늠할 수 있다. 필 미켈슨(Phil Mickelson)이 2013년 2월 초 미국 애리조나 주 피닉스 인근 스코츠데일에서 열린 미 PGA 투어 웨이스트 매니지먼트 피닉스 오픈 첫날 경기에서 PGA 투어 역사상 5명만 달성했다는 '꿈의 타수'에서 1타 못 미치는 60타를 기록하며 무려 28언더파로 우승한 것도 신기에 가까운 퍼팅 덕분이었다고 해도 지나치지 않다.

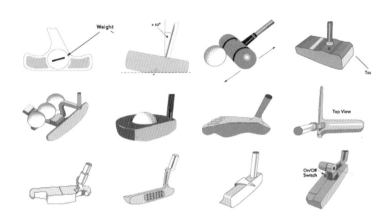

USGA 비공인 퍼터의 예: 비공인 퍼터의 판정 원칙으로 적용되는 개념은 여러 가지가 있다. 그 중에서 몇 가지 특기할 만한 사항은

● 탈부착, 조정 등이 쉬워 경기 중 퍼터 구조나 성능 변경 가능 여부
● USGA의 치수 제한을 만족하기 위해 경기와 관계없는 구조나 장식 부착 여부
● 광학 장치 등 인위적 경기력 향상을 위한 보조기구 장착 여부
● 혐오감을 줄 수 있는 디자인
● 정상적인 퍼팅이라고 볼 수 없는 방법으로 퍼트할 수 있는지
● 라이각 정렬 편의 등 경기력에 영향을 미칠 수 있는 구조 여부
● 성능이 다른 2개 이상의 타면 구조 여부

　골프 클럽에 대한 특허출원에서 가장 압도적으로 많은 것이 퍼터이다. 그만큼 퍼팅으로 고생하는 경기자가 많다는 방증이기도 하다. 익살스러운 디자인, 퍼팅 성공률을 높일 수 있도록 조준을 돕는 부가 장치, 스윙

및 타구감(feel) 개선을 위한 보조 장치에 이르기까지 그 형태도 매우 다양하다. 이 중에서 스포츠 정신에 어긋나는 아이디어 제품의 출현을 막기 위해 미국골프협회(United States Golf Association, USGA)에서는 여러 가지 규제를 강화하고 있다.[4]

다른 클럽은 한번 실수하더라도, 다음 타구에서 타수를 만회할 기회가 있지만, 퍼팅은 한번 실수하면 그대로 타수에 영향을 미치므로 퍼팅의 정확성은 경기력과 직결된다.

그린은 평면이 아니고 수평면은 더구나 아니다. 그랬다면 퍼팅이 요즘처럼 골프 경기의 승부를 좌우하지는 않았을 것이다. 또 그린이 작다면 아이언이나 웨지로 그린 공략이 어려울지는 몰라도 퍼팅은 오히려 쉬울 수 있다. 오래된 골프장의 그린은 대개 굴곡이 적고 경사가 완만하고 느리고 크기가 작아서 실제 퍼트 수가 많지 않다. 하지만 요즘 건설되는 골프장의 그린은 정반대이다.[5] 그린이 매우 넓고 굴곡과 경사가 심하고 빠르고 다단으로 이루어져서 전보다 그린 공략은 비교적 쉬워졌지만, 퍼팅이 어려워지고 있다. 어린이 놀이터에 있음직한 묘기 퍼팅 장을 연상시키기도 한다. 경기자를 행복하게 하려면 깔때기 그린의 가운데에 깃대를 꼽으면 되고 경기자를 곤혹스럽게 하려면 포대 그린의 맨 위나 급한 경사면 중간에 깃대를 꼽으면 된다. 물론 공식 경기에서는 반드시 공이 멈출 수 있는 위치에 깃대를 세워야 한다는 규칙이 있다. 경사가 심한 곳에

---

4) 이종원, 골프역학 역학골프, 청문각, 2009, 제7.1절 '골프장비에 대한 USGA 제한 사항' 참조.
5) 아이러니하게도 경기 중 쉽게 마멸되는 그린 잔디의 유지 보수를 위해서 그린을 점점 넓게 설계하는 경향이 있다. 두 그린을 운용하는 것과 같은 이치다.

홀이 있으면 초보자든지 상급자든지 퍼팅으로 날이 새게 된다. 이론적으로는 내리막 퍼팅의 성공률이 오르막 퍼팅보다 높은 것으로 알려졌지만 대부분 경기자가 내리막 퍼팅보다 오르막 퍼팅을 선호하는 이유는 퍼팅 실수에 따른 타수 만회의 어려움이 크기 때문이다.

개인적으로는 골프경기에서 퍼팅이 제일 어려우면서도 싱겁다. 호쾌한 맛도 없고 짜릿한 느낌도 없다. 어쩌다 먼 퍼팅이 성공하더라도 내 실력이라기보다는 운이 좋았다는 생각밖에 들지 않는다. 특히 주말 경기자들의 퍼팅 성공률은 그날 운세에 따라 들쭉날쭉하기 쉽다. PGA 투어 선수의 2.1m 거리 퍼팅 성공률이 50%에 지나지 않는다는 통계가 이러한 사실을 잘 뒷받침하고 있다. 바람의 영향이 있긴 하지만 그래도 공기 밀도가 비교적 일정한 공기 중을 비행하는 골프공의 탄도는 어느 정도 예측할 수 있고 제어도 비교적 쉽다. 하지만 페어웨이나 그린에 낙하하여 착지한 후 공의 달림 특성(run)은 불규칙한 낙하지점의 지면 상태만큼 예측과 제어가 쉽지 않다. 더구나 그린에서의 정확한 퍼트선 예측은 그린 상태가 균일하지도 않고 불확실성도 높아 매우 어렵다. 공과 홀 사이의 그린 상태(잔디 높이 및 밀도, 습도, 결, 경사, 모래알 등 이물질 분포, 공이나 발자국에 눌린 자국, 통기 구멍 자국 등등 이루 헤아릴 수 없이 많은 변수)를 정확히 읽고 퍼트선을 상상하는 것, 또 그것에 맞게 퍼팅 방향과 속도를 조절하기도 어렵다. 어쩌면 연마할 수 있는 기술이라기보다는 타고난 재능이 필요한 영역으로 보인다.

2013년 2월 초 미국 애리조나 주 피닉스 인근 스코츠데일에서 열린 미 PGA 투어 웨이스트 매니지먼트 피닉스 오픈에서 우승한 필 미켈슨이 마지막 날 경기 7번(파3) 홀에서 무모하리만큼 과감하게 시도한, 그린 밖 프린지 언덕을 타고 넘는 환상의 17m 버디 퍼팅은 정밀한 과학적 계산의 결과라기보다는 피나는 연습으로 얻어진 직관의 발효이거나 아니면 타고난 재능의 결과라고밖에 달리 설명할 수 없다. 최근 '퍼팅의 귀신'으로 평가받고 있는 LPGA 박인비 선수에게 퍼팅의 비법을 물었을 때, "특별한 공식은 없고 보고 느낀 감각에 따라 퍼트한다"라고 한 것도 같은 맥락에서 이해해야 할 것이다.[6)]

2013년 2월초 애리조나 주 피닉스 인근 스코츠데일 골프장에서 열린 미국 PGA 투어 개막경기 마지막 날 경기에서 우승자 필 미켈슨이 7번홀(파3)에서 만든 17m 버디 퍼팅 명장면. 오르막 후 내리막 경사가 심하고 도중에 그린 밖 프린지 언덕을 6m 이상 타고 가야 하는 어려운 상황으로 홀을 놓쳤다면 파 세이브도 어려웠을 것이다.

6) News Focus, 월간골프 2013년 2월호 p.26.

퍼팅에 남다른 재능이나 감각도 없고 게으른 주말 골퍼인 나는 그린보다는 페어웨이가 잘 조성된 골프장에서 걷고 싶고, 웨지와 퍼터는 빼고 우드와 아이언만 있어도 골프경기를 즐길 수 있을 것 같다. 영화 〈최종병기 활〉의 마지막 장면에서 조선의 신궁 남이가 쏜 화살을 맞고 쓰러진 적장 쥬신타에게 "바람은 계산하는 것이 아니라 극복하는 것이다"라고 답했다던가? 여기에 '바람' 대신 '퍼트선'을 대입하면 어떨까?

퍼팅에 타고난 재능이 없는 사람들에게 그래도 한 가지 희소식이 있다. PGA 투어 유명 선수인 아담 스콧(Adam Scott)이 새로운 퍼팅 실력 평가 방식으로 2013년 시즌에 계산한 퍼팅 득점(strokes gained: putting)이[7] 0.05로 PGA 투어 선수 중 102등에 그쳤는데 조준점 찾기(aim point green reading) 훈련 후인 다음 시즌에는 0.5를 얻어 15등으로 엄청난 순위 상승이 있었다고 한다.[8] 퍼팅에 남다른 재능이 없어 지금까지 그저 막연한 감각으로, 아니면 경기 도우미가 시키는 대로 하던 무미건조한 퍼팅도 제3장에서 다룰 조준점 찾기 원리를 배워 실전에서 어떻게 응용할까를 〈생각하는 퍼팅〉으로 바꾸면 한결 재미있을 수 있다.

---

7) 제3.22절 '퍼팅 득점' 참조.
8) Mark Boradie, How you, like Adam Scott, can use AimPoint Express system to make more putts, Golf, Dec 2014.

2-3 PING 퍼터에서 두 공 퍼터까지

GE의 엔지니어로 42살의 나이인 1954년 처음 골프에 입문한 카르스텐 솔하임(Karsten Solheim)은 골프경기에서 퍼팅이 가장 중요하다는 사실을 깨닫게 되었고, 곧 당시로써는 혁신적인 설계개념을 도입하여 1959년 새로운 퍼터인 PING 1A를 개발하게 되었다. 퍼터 헤드의 턱(heel)에 샤프트를 연결하는 당시의 단순한 설계 대신 헤드의 중앙에 샤프트를 연결하였고 퍼터 헤드의 무게를 **무게중심**(balance point)으로부터 먼 주변으로 분배하여[9] 퍼터 헤드의 수직축에 대한 **질량 관성모멘트**(mass moment of inertia, MOI)를[10] 극대화하여 퍼팅의 방향성을 획기적으로 향상한 퍼터를 개발하였다. 1966년 차고에서 제작하여 판매하기 시작한 그의 독특한 'Anser' 퍼터를[11] 사용한 줄리어스 보로스(Julius Boros) 선수가 1967년 PGA 피닉스 오픈에서 우승한 것을 계기로 GE를 퇴직한 후 Karsten Manufacuring 회사를 설립하고 PING 상표로 퍼터를 제조하게 되었다. 1990년 이래 격년으로 열리는 유럽과 미국의 여자프로 선수들의 경연장인 솔하임 컵 대회의 창시자이다.[12]

---

9) 이를 주변가중(perimeter weighting)이라고 한다.

10) 퍼터 헤드와 퍼터 전체의 MOI는 다르므로 주의해서 구별해야한다. 여기서는 퍼터 헤드의 MOI로 빗맞은 퍼팅 때 퍼터의 비틀림 저항이다. 따라서 퍼터의 MOI가 크면 빗맞은 퍼트에 대해 관용성이 크다.

11) 'Anser'는 솔하임이 개발 초기 지었던 'Answer'에서 발음이 힘들다는 부인의 제안을 받아들여 'w'를 빼고 만든 상표이다.

12) 2000년에 작고한 칼스텐 솔하임은 이듬해인 2001년에 평생의 공로를 인정받아 클럽 제작자로는 처음으로 세계 골프 명예의 전당(World Golf Hall of Fame)에 헌액되었다.

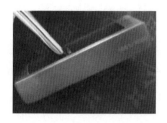

PING 1A: PING 퍼터의 원조로 가운데 부분의 무게를 덜어낸 단순한 사각형 형태의 퍼터 헤드가 특징이고 샤프트를 퍼터 헤드의 중간에 연결하였다.

퍼터의 상표를 PING으로 한 데는 재미있는 일화가 있다. 당시 보통의 퍼터 헤드는 속이 찬 두꺼운 막대형 금속 소재로 만들었기 때문에 퍼터 헤드 타면에 충격을 가하면 매우 둔탁한 소리를 내는 것이 보통이었다. 한편, 헤드의 코(toe)와 턱 쪽으로 무게를 옮기게 되면 자연 고 반발중심 (sweet spot) 주변 헤드의 두께가 얇아질 수밖에 없고 따라서 헤드 타면에 충격을 가할 때 매우 경쾌하고 맑은 충격음이 발생하는데 그 소리가 '핑 (ping)' 하는 소리와 유사하다고 해서 PING이라는 상표를 부착하게 되었다고 한다.

PING Anser 퍼터는 기존의 퍼터와 달리 **배면 공간**(cavity-back)을 두는 대신 코와 턱 쪽에 여유 무게를 배분하여 헤드의 MOI를 크게 하는 이외에 **목 편심**(hosel offset)이 있고 **구부러진 목**(plumber's neck)을 가진 것이 특징으로 이후 거의 모든 퍼터에서 이를 모방하고 있다.

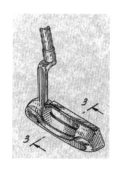

PING Scottsdale Anser Putter: 솔하임이 1967년에 낸 특허로 현대 퍼터의 시조라 할 수 있다. 전형적인 풀잎형(blade type, 일명 일자형) 퍼터로 헤드의 코와 턱 쪽에 무게를 배분하여 헤드의 MOI를 크게 하였고 타면이 얇아졌고 구부러진 목의 샤프트에 연결한 것이 특징이다.

Odyssey가 2001년 출시한 두 공 퍼터(two-ball putter)는 망치형(mallet type) 퍼터로 헤드의 MOI를 극대화하면서 조준(aiming)을 돕고자 두 개의 골프공 형상을 일렬로 나란히 표시하여 3개의 공을 정렬시켜 조준하기 쉽게 한 퍼터로 2002년 아니카 소렌스탐(Annika Sorenstam)이 이 퍼터를 사용하여 11개 대회에서 우승함으로써 그 명성을 더욱 얻게 되었다.

현대 퍼터 설계의 핵심은 헤드의 MOI를 극대화하여 빗맞은 타구에 대한 관용성(forgiveness)을 크게 하고 조준 성능을 개선하는 것으로 요약할 수 있다. 이를 위해서는 퍼터의 크기를 최대한 크게 해야 하나 최근 출시되는 대형 퍼터의 크기는 USGA에서 허용한 크기 제한에[13] 거의 도달했으므로 앞으로는 더 커질 여지가 많지 않다.

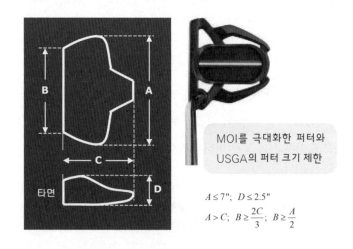

MOI를 극대화한 퍼터와
USGA의 퍼터 크기 제한

$A \leq 7"; \quad D \leq 2.5"$

$A > C; \quad B \geq \dfrac{2C}{3}; \quad B \geq \dfrac{A}{2}$

---

13) 이종원, 골프역학 역학골프, 청문각, 2009, p.260 참조.

정지하고 있는 골프공에 클럽 헤드가 충돌할 때 충돌 전 헤드 속도와 충돌 후 공 발사속도의 비를 **충돌인자**(smash factor)라고 한다. 따라서 충돌인자 값이 크면 클수록 클럽의 충돌효율(성능)도 커지는데 드라이버의 충돌인자는 대략 1.4~1.5, 퍼터를 제외한 클럽의 충돌인자는 1.4~1.7 범위에 있다. 예를 들어 40m/s의 헤드 속도로 드라이버 타구 하면 골프공의 발사속도는 60m/s 안팎이 된다.

한편, 다른 클럽 타구와 달리 퍼팅에서의 충돌인자는 로프트각과 발사각(launch angle)이 4도 이하로 매우 작고 퍼터 헤드 속도가 느려 반발계수(coefficient of restitution, COR)가 1에 가까워 대략 1.7~1.8 근처값을 가진다. 아래 표를 보면 퍼터의 로프트각 변화와 관계없이 발사각/로프트각 비나 공/헤드 속도비인 충돌인자는 변동이 없는 대신 공/헤드 무게비에는 약간 영향이 있다. 헤드가 두 배 무거워져도 로프트각과 발사각 차이는 거의 없고 충돌인자는 1.7에서 1.8로 약간 증가하는데 그친다. 즉, 퍼팅에서는 퍼터 헤드 무게 차이가 어지간히 크지 않다면 충돌인자의 차이가 크지 않을 뿐 아니라 충돌효율도 그다지 중요하지 않으므로 퍼터 제조사들은 드라이버와 달리 충돌인자에 대해 별로 언급하지 않는다.[14] 또 한가지 표에서 알 수 있는 중요한 사실은 퍼터가 가벼워질수록 공의 발사각이 퍼터

---

14) 무게 340gr인 표준 퍼터의 충돌인자는 1.6~1.7 정도이다. H. A. Templeton, Vector Putting: The Art and Science of Reading Greens and Computing Break, Vector Golf Inc., 1986, p.42 참조.

의 로프트각과 거의 같아진다는 점이다.

퍼팅에서의 충돌인자(발사각/로프트각 비)

	무게비=0.1	무게비=0.2
로프트각=4°	1.8(0.94)	1.7(1.0)
로프트각=2°	1.8(0.94)	1.7(1.0)

　퍼터를 구매할 때 대개는 퍼터를 쥐고 여러 번 퍼팅 연습을 해보고 타구감과 함께 적당한 무게감을 주는 퍼터를 선택하게 되는데, 막상 퍼터 헤드만의 무게에 대한 관심은 없어 보인다. 그런데 이 퍼터 헤드의 무게는 퍼터 헤드, 샤프트, 손잡이로 이루어지는 퍼터 전체의 무게나 스윙무게(swing weight) 못지않게 개개인의 퍼팅 유형에 따라 퍼팅감에 미치는 영향이 의외로 크다.

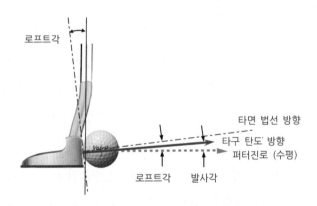

수평 진로로 퍼팅 때 공의 발사각은 클럽의 로프트각보다 약간 작지만 다른 클럽과 달리 퍼터의 로프트각이 2~4도로 매우 작으므로 그 차이각도 무시할 만큼 작다.

역학적 관점에서 퍼팅 유형은 진자 퍼팅과 힘 퍼팅 두 가지로 구분할 수 있다.[15] 진자 퍼팅에서는 퍼터 손잡이를 가볍게 쥐고 양어깨 사이를 회전중심으로 한 자연스러운 진자 운동으로 퍼트하므로 역스윙 원호 끝에서의 퍼터 헤드 높이에 해당하는 위치 에너지가 타구 직전 운동 에너지로 모두 변환된다. 진자 퍼팅에서는 역스윙 높이나 폭을 바꾸어 퍼터

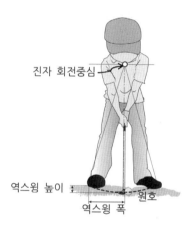

진자 회전중심

역스윙 높이

원호

역스윙 폭

양어깨 가운데를 회전중심으로 원호를 그리며 진자 퍼트할 때, 공 위치를 기준으로 역스윙 폭과 높이를 표시했다. 역학적으로는 순수한 진자 운동만으로 퍼트하는 진자 퍼팅과 일정한 힘을 가해서 퍼터 헤드를 가속하는 힘 퍼팅으로 구분할 수 있다. 물론 경기자 대부분은 개인적 성향이나 상황에 따라 진자 퍼팅과 힘 퍼팅을 적절히 배합하여 퍼트한다.

타구 순간의 퍼터 헤드 속도를 조절한다. 무거운 헤드의 퍼터로 바꾸고 전과 같은 역스윙 높이나 폭으로 퍼트하면 타구 순간 공 발사속도가 조금 증가한다. 진자 퍼팅은 기본적으로 그네의 원리와 같다. 그네를 탈 때 그네 발판(퍼터 헤드)을 멀리 끌어당긴 후(퍼터 역스윙 폭) 가만히 올라타면 그네가 원호 바닥(공과의 충돌 순간)을 지날 때의 속도(퍼터 헤드 속도)도 따라서 증가한다. 이때 그네에 두 사람이 동시에 올라타도, 즉 그네 발판의 무게를 두 배로 늘려도(무거운 퍼터 헤드) 그네의 속도(퍼터 헤드 속도)는 변하지 않는다. 그러나 퍼터 헤드 무게가 두 배로 늘면 공과의 충돌 직전 퍼터 헤

---

15) 여기서 진자 퍼팅은 stroke type, 힘 퍼팅은 strike type을 의역한 것으로 모두 진자 (pendulum type) 퍼팅을 기준으로 한다.

드 질량과 속도의 곱인 퍼터 헤드의 운동량이 두 배가 된다. 물론 충돌 순간 공에 전달되는 운동량이나 공 속도가 꼭 두배가 되지는 않지만 이에 따라서 증가한다.

한편, 힘 퍼팅에서는 퍼터 손잡이(grip)를 꽉 쥐고 수평으로 역스윙을 마친 후 힘을 주어 퍼트한다. 이때 역스윙 끝에서 출발하여 골프공과 충돌 전까지 내내 퍼터 헤드에 주어지는 힘이 모두 충돌 직전 퍼터 헤드 속도로 변환된다. 즉 힘 퍼팅에서는 같은 역스윙 폭에서 같은 힘을 줄 때 퍼터 헤드가 너무 무거워지면 헤드 가속(속도 증가율)이 어려워 결국 타구 직전 퍼터 헤드 질량과 속도의 곱인 운동량이 줄어 공 속도가 오히려 감소할 수 있다. 이는 벽에 못을 박을 때와 유사하다. 못질을 잘하려면 못에 망치의 운동량(망치 질량과 속도의 곱)을 잘 전달해야 하는데 망치에 주는 힘(힘 퍼팅에서의 힘)과 망치의 이동 거리(역스윙 폭)가 일정할 때 망치(퍼터 헤드)가 무거워지면 망치 속도(퍼터 헤드 속도)가 서서히 줄고, 망치가 너무 가벼워지면 대신 망치 속도는 급격히 커지므로 망치의 운동량(망치 질량과 속도의 곱)을 극대화할 수 있는 무게의 망치를 선택해야 못질의 효율이 최대가 된다.

진자 퍼팅과 힘 퍼팅은 두 극단적인 퍼팅 유형으로 실제 경기자 대부분은 이 두 유형을 적절히 배합하여 활용한다고 할 수 있다. 예를 들어 퍼팅 거리가 가까우면 진자 퍼팅을, 멀면 힘 퍼팅을 한다거나 아니면 퍼팅 거리와 관계없이 개인적인 취향에 따라 두 유형을 적절히 섞어서 운용할 수 있다. 여하튼 퍼터 헤드의 무게는 퍼터 헤드, 샤프트, 손잡이로 이루어지는 퍼터 전체의 무게나 스윙무게에 직접 영향을 미치지만 이에 못지않게 개개인의 퍼팅 유형에 따라 퍼팅감에 미치는 영향이 뜻밖에 크다.

* 역학 원리는 부록에 정리

긴 퍼터와 무거운 퍼터 2-5

표준 퍼터의 길이는 33, 34 및 35인치가 보편적인데 경기자의 신체 조건이나 퍼팅 습관에 따라 적합한 길이를 선택하게 된다.[16] 눈의 위치가 공 바로 위에 오도록 허리를 구부리고 준비자세(address)를 잡는 경기자는 상대적으로 길이가 짧은 퍼터, 허리를 펴고 준비자세를 잡는 경기자는 상대적으로 길이가 긴 퍼터가 적합하다. USGA는 무릎을 꿇음으로써 그린에 무릎 자국을 남기는 것을 방지하기 위해서 퍼터의 길이를 18인치 이상으로 제한하고 있으나 상한선은 없어서 배꼽(belly) 퍼터나 빗자루 (broomstick) 퍼터 등 긴 퍼터(long putter)는 모두 공인된 퍼터이다.[17]

미국골프협회(USGA)와 영국골프협회(The Royal & Ancient Golf Club, R&A)가 80년대 중반에 등장한 긴 퍼터 사용을 합법적으로 승인한 건 1989년이다. 배꼽 바로 위에 대고 치는 배꼽 퍼터는 표준 퍼터와 비교해서 짧은 퍼팅의 성공률이 높고 퍼터진로가 원호에 가까우므로 타면 균형 헤드(face-balanced head)보다는 고개 숙임 헤드(toe-hang 또는 toe-down head)가 적합하다.[18] 현재 시판되는 배꼽 퍼터의 헤드 무게는 표준 퍼터 헤드보다 15~20% 무거운 370~400gr으로 그만큼 퍼터 헤드의 MOI가 커져서 빗맞은 퍼팅에 대한 관용성이 크고, 길이는 40~48인치로 퍼팅

---

16) 키가 5피트 11인치로 체구가 작지 않은 PGA 투어 선수인 로버트 개리거스(Robert Garrigus)는 28.5인치의 매우 짧은 퍼터를 사용하는 것으로 유명하다. News Focus, 월간골프 2013년 2월호, p.21.

17) 지나친 비거리/사거리 증대 효과를 우려하여 USGA에서는 2003년부터 퍼터를 제외한 클럽의 길이를 48인치 이하로 제한하고 있다.

18) 제2.10절 '퍼터 맞춤(3): 각도' 참조.

준비자세에서 샤프트의 손잡이쪽 끝(butt end)이 배꼽이나 턱에 닿을 수 있는 정도이다.[19] 이러한 긴 퍼터의 장점은 배꼽, 가슴 또는 턱 등 신체의 일부에 손잡이 끝을 고정함으로써 양손 손목 풀림을 방지하여 안정된 진자 운동을 구현할 수 있다는 점이다. 골프 실력이 아닌 장비 경쟁으로 몰고 간다는 비판에 따라 USGA와 R&A가 공동으로 2016년부터 공식 대회에서 퍼터가 양손 이외의 몸에 닿는 것을 금지하는 규정을 신설하여 긴 퍼터 사용을 일부 제한하게 되었다. 따라서 이제는 골프장에서 긴 퍼터를 보기 어렵게 되었다. 대신 약 8~9인치 연장된 손잡이 부분을 팔의 일부처럼 팔 안쪽에 붙이고 **전방 압박**(forward press) 자세로 퍼트하도록 한 **팔 고정 퍼터**(arm lock putter)가 기존의 긴 퍼터 대안으로 등장하기도 한다. 퍼터 길이가 43인치 정도로 길어지고 퍼터를 3~4도 홀 쪽으로 기울어지게 하는 전방 압박형 퍼팅 준비자세로 **유효 로프트각**(dynamic loft)이 줄어드는 것을 보상하기 위해서 로프트각이 약 7도 정도로 로프트각이 2~4도인 표준 퍼터보다 큰 것이 특징이다.

2016년부터 공식 대회에서 기존의 긴 퍼터 사용이 실질적으로 제한됨에 따라 긴 퍼터가 갖는 장점인 손목 운동을 구속하기 위한 방안으로 손잡이 끝을 연장하여 팔 안쪽에 고정시키는 팔 고정 퍼터가 대안으로 주목을 받고 있다. 팔 고정으로 자연 전방 압박형 퍼팅 준비자세가 되어 유효 로프트각이 감소하므로 이를 보상하기 위해 보통 퍼터보다 3~4도 큰 설계 로프트각과 길이가 약 8~9인치 늘어난 손잡이가 특징이다. 양손 이외의 신체인 팔에 클럽이 닿기 때문에 추후 논란의 여지가 있다.

---

19) 골프 다이제스트, 2011년 12월호, p.72-73.

클럽의 기술 명세표를 보면 드라이버, 페어웨이 우드, 아이언이나 웨지 등 다른 클럽에 비해 퍼터는 로프트각이 가장 작고 가장 짧은 거리 타구용 클럽이지만 퍼터 헤드의 무게가 보통 330~350gr, 스테인리스 등 무거운 소재를 이용한 무거운 퍼터 헤드는 400~420gr으로 클럽 중에서는 가장 무겁다. 특히 최근 출시되는 **무거운 퍼터**(heavy putter)는 헤드 무게 자체가 50gr 이상 더 무겁게 설계되어 있고 샤프트 길이가 유난히 긴 '배꼽 퍼터'나 '빗자루 퍼터' 등 긴 퍼터는 더더욱 무겁다.

퍼터와 그라파이트 샤프트 장착 클럽 기술 명세(Callaway X-series) 예

클럽 번호	1W	3W	5W	7I	9I	PW	SW	표준 퍼터	무거운 퍼터
로프트각(도)	10	15	18.5	34	42	46	52	2~4	
라이각(도)	57	56	57	62	63	63.5	64	70~72	
길이(인치)	45	43	42.25	37	36	35.5	35	33~35	
헤드 질량(gr)	210	225	230	297	310	319	328	330~350	400~420
스윙무게	D1					D2	D4	D2~D8	

무거운 퍼터나 긴 퍼터는 전체 무게와 함께 **스윙무게**(swing weight)도 무거워지므로 스윙감이 나빠질 수 있다. 이를 보상하기 위해서 손잡이 끝쪽에 **균형추**(counter weitht)를 삽입하여 무겁게 하면 퍼터 전체 무게는 더 늘어나지만, 퍼터 무게중심이 손잡이 쪽으로 옮겨진다. 따라서 스윙무게의 부담은 오히려 줄게 되어 스윙감이 어느 정도 편하게 느껴지는 대신[20] 퍼터 전체의 **질량 관성모멘트**(mass moment of inertia, MOI)가[21] 커져 안정된 퍼팅이 가능하다는 주장이 있으나 이에 대해서는 이견이 많다.

---

20) Boccieri Golf 사의 Heavy Putter의 헤드 무게는 465gr, 스윙무게를 보상하기 위해 손잡이 끝에 삽입하는 균형추는 무려 250gr에 달한다.

21) 여기서는 퍼터 전체의 MOI로 퍼팅 스트로크에서 퍼터 전체의 전후 및 좌우 회전에 대한 저항을 이른다. 빗맞은 퍼팅의 관용성에 해당하는 퍼터 헤드만의 MOI와는 다르다.

헤드가 두 개인 퍼터? 무거운 퍼터는 헤드 무게만 무거운 것이 아니고 지나치게 커진 퍼터의 스윙무게를 보상하기 위해서 손잡이 끝에 무거운 균형추를 삽입하므로 퍼터 전체 무게는 더욱 무거워진다.

2013년 이후 출시된 **무게 균형 퍼터**(counterbalanced putter)도 새로운 기술이라기보다는 길어진 손잡이 무게로 균형추 역할을 하게 하여 퍼터의 스윙무게 부담은 줄이면서 MOI를 크게한 퍼터이다. 무거운 퍼터 헤드의 무게가 무거운 것은 420gr이나 되므로 샤프트와 손잡이, 그리고 균형추의 무게까지 더하면 무게가 가장 가벼운 퍼터의 2배나 되는 650gr 이상이 되기도 한다. 외형이 팔 고정 퍼터와 비슷하지만 로프트각은 2~4도로 표준 퍼터와 같다.

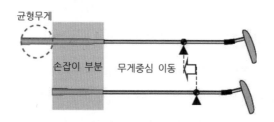

무게균형 퍼터(위 그림)는 손잡이를 연장하여 무게중심을 손잡이 쪽으로 이동시켜 퍼터의 스윙무게를 맞춘다. 무게중심에 대해 양끝의 무게가 증가하였으므로 스윙무게는 보통 퍼터(아래 그림)와 다르지 않지만 퍼터의 MOI가 증가한다. 길어진 손잡이 무게가 균형추 역할을 하여 30~50gr 무거워진 헤드와 균형을 이룬다.

그러면 퍼터 헤드 무게와 그린 빠르기와의 관계는 어떤가? 불행히도 아직은 주장이 양분 되어있어 매우 혼란스럽다. 힘보다는 속도를 조정해서 퍼팅 거리를 맞춘다는 주장(진자 퍼팅)과 속도보다는 역시 힘으로 퍼팅 거리를 조정한다는 주장(힘 퍼팅)이 팽팽한데 결국은 개개인의 퍼팅 성향에 따라 다르다고 할 수 있다. 평소 그린에서 퍼트한 공이 홀에 늘 못 미치거나 느린 그린에서는 가벼운 퍼터가 유리하고 반대로 공이 홀을 늘 지나치거나 유난히 빠르게 느껴지는 그린에서는 무거운 퍼터가 유리하다거나[22] 아니면 그 반대라는 주장이 대립하고 있다.[23] 어떤 이론이 정설이든지 당일 그린 상태가 어떨지 잘 모를 때를 대비해서 헤드 무게가 다른 두 개의 퍼터를 가지고 다니지 말란 법도 없다. 골프백에 넣은 클럽이 14개를 초과하지만 않으면 되니까.

그러면 왜 무거운 퍼터에 대해 이러한 상반된 주장이 팽팽하게 맞서나를 앞서 퍼터 헤드 무게와 공 발사속도에 대한 해석 결과를 활용하여 다음과 같이 설명할 수 있다.[24] 힘보다는 자연스러운 진자운동으로 퍼트하는 경기자로 평소 홀에 못 미치거나 또는 힘으로 퍼트하는 경기자로 홀을 지나는 퍼팅으로 고생한다면 무거운 헤드의 퍼터가 유리하고, 반대로 자연스러운 진자운동으로 퍼트하는 경기자로 평소 홀을 지나거나 또는 힘으로 퍼트하는 경기자로 홀에 못 미치는 퍼팅으로 고생한다면 가벼

---

22) 퍼터 헤드가 무거워지면 자연 퍼팅 속도도 느려진다는 가정을 하면 빠른 그린 일수록 무거운 퍼터가 유리해진다. Understanding putters: head weights, swingweights, and correlation to green speed, December 19, 2012, The Power Fade Golf Blog 참조. http://thepowerfade.com/2012/12/10/understanding-putters-inserts-grooves-face-milling-and-roll/

23) 퍼터 헤드 무게가 퍼팅(퍼터 헤드) 속도에 큰 영향을 주지 않는다는 가정을 하고 있다. Jeff Summit, Weight-a close look at component weights and what it means to you, Hireko Golf Webinar, June 23, 2011. http://blog.hirekogolf.com/2011/06/check-out-our-latest-webinar-selecting-the-proper-weight-golf-club-and-components/

24) 제2.4절 '충돌효율과 퍼팅 유형' 참조.

운 헤드의 퍼터로 교환하는 것이 좋다. 경기자 대부분은 진자 퍼팅과 힘 퍼팅을 상황에 따라 적절히 배합하여 퍼트하기 때문에 무거운 헤드의 퍼터 성능에 대한 판단이 상황에 따라서 오락가락할 수 있다. 예로서 **빠른** 그린에서 가까운 거리 퍼팅 때 공 속도를 느리게 하려고 진자 퍼팅을 한다면 가벼운 헤드의 퍼터가 유리하고, 느린 그린에서 먼 거리 퍼팅 때 공 속도를 빠르게 하도록 힘 퍼팅을 하면 역시 가벼운 헤드의 퍼터가 유리하다. 반대로 가까운 퍼팅 거리에서 진자 퍼팅을 하더라도 그린이 느리면 공 속도가 빨라야 하므로 무거운 헤드의 퍼터가 유리하고, 먼 거리의 퍼팅이라 주로 힘 퍼팅을 하더라도 그린이 빠르면 공 속도가 느려야 하므로 역시 무거운 헤드의 퍼터가 유리할 수 있다.

퍼팅 유형과 관계없이 상반되는 두 주장 중에 굳이 누구 편을 들어야 한다면 전자이다. 즉, 평소 홀에 늘 못 미치는 퍼트를 하면 **가벼운 퍼터로**, 홀을 너무 지나치는 퍼트를 하면 **무거운 퍼터로** 교환해야 해결 가능성이 높다. 무거운 헤드의 퍼터 성능에 대한 이론이 난해하다고 생각한다면 모두 잊어버리고 그냥 평소 쓰던 편한 퍼터로 퍼트하고 굳이 무겁거나 가벼운 헤드의 퍼터로 교환할 필요는 없다.

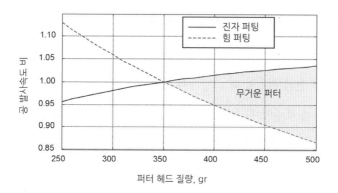

공 발사속도 비가 1보다 크면 홀을 지나치고, 작으면 홀에 미치지 못한다. 무거운 헤드의 퍼터로 퍼팅하면 공 발사속도 비가 1보다 작은 영역이 1보다 큰 영역보다 커서 대체로 홀에 약간 못 미칠 수 있다.

홈, 밀링, 인서트 영향[25]

역학적 관점에서 볼 때 퍼팅에서 가장 중요한 것은 어떻게 하면 타구 순간부터 골프공이 퍼트선을 따라 홀에 빨려 들어가듯 골프공에 순회전 (overspin, topspin) 구름 운동을 주는가이다. 자전거를 탈 때 속도가 느리면 지면의 경사와 요철 상태나 자전거를 타는 사람의 몸짓 등 외부 요인에 쉽게 영향을 받게 되어 자전거 운행의 안정성 특히 방향 제어가 어렵게 된다. 자전거 속도가 빨라지면 이러한 외부 요인에 덜 민감해져 자전거의 안정적 운행 특히 방향 제어가 쉽게 된다. 그린에서의 골프공도 자전거와 마찬가지로 순회전 속도가 붙어야 불규칙한 잔디 결이나 지면 상태에도 불구하고 안정적으로 공이 홀을 향해 굴러가게 된다. 즉, 그린에서 회전하며 전진하는 골프공의 운동에도 뉴턴의 운동법칙이 그대로 적용된다.

타면에 홈을 낸 퍼터는 그림과 같이 퍼터를 부자연스럽게 위쪽으로 높이 들어 올리면서 매우 빠른 속도로 타구할 때 골프공과 맞물린 기어처럼 골프공에 순회전을 줄 수 있다. 그러나 그 효과는 미미하다.

---

25) 이 글은 Understanding putters: inserts, grooves, face milling, and roll, December 10, 2012, The Power Fz4ade Golf Blog 의 내용을 역학적 관점에서 보완하여 작성하였다. http://thepowerfade.com/2012/12/10/understanding-putters-inserts-grooves-face-milling-and-roll/ 여기에서의 주장과 달리 홈이 퍼팅에 미치는 영향이 크다는 보고도 있다. 좀 상업적으로 편향된 연구지만 예를 들면, P.D. Hurrion and R. D. Hurrion, An investigation into the effect of the roll of a golf ball using the C-groove putter, Science and Golf IV, July 2002, p531-538 과 A. K. Richardson, P. K. Thain and A. C. S. Mitchell, Do putters with groove face inserts produce preferable ball roll characteristics?, U. of Hertfordshire, 2012 이 있다.

주로 스테인리스 계통의 소재로 만드는 퍼터 헤드의 타면은 매끄러운 것이 보통이나, 고가인 수제 퍼터는 아이언처럼 **타면**(face)에 **홈**(groove)을 내거나 정교한 밀링 가공을 하고 보급형 퍼터 중에도 플라스틱 계통의 **인서트**(insert, 삽입재)로 마감 처리를 하기도 한다. 그러면 인서트와 비교해서 홈이나 밀링 가공한 퍼터의 성능은 어떨까?

결론부터 말하자면 두드러진 역학적 성능 향상은 기대하기 어렵다. 퍼터의 기능에는 서로 상충하는 양면성이 있다. 첫째는 그린에 공이 놓여 있을 때 공 무게로 잔디가 1~4mm 이상 눌리게 된다.[26] 즉, 공이 풀 속에 약간 가라앉아 있다. 따라서 풀숲(rough)에서의 공 탈출 방법과 마찬가지로 풀 속에 잠겨있는 공을 위로 띄워서 탈출시키는 것이 최우선이다. 둘째는 자전거 타기와 같은 원리로 공을 홀 쪽으로 구르게 해야 한다. 즉 가능하면 타구 후 공의 체공 시간을 최소화하고 이른 시간에 그린에 착지시킨 후 순회전을 주어 공이 홀을 향해 안정적으로 굴러가게 해야 한다.

풀 속에 잠긴 공을 탈출시키기 위해서는 퍼터의 로프트각이 어느 정도 있어야 하나 로프트각이 너무 크면 퍼팅에서는 바람직하지 않은 **역회전**(backspin)이 비례해서 커지게 된다. 자연 순회전이 발생할 때까지의 시간과 거리가 증가할 뿐 아니라 지면과의 마찰로 공의 회전 속도가 역회전(-)에서 순회전(+)으로 바뀌는 짧은 시간 동안 에너지 손실과 함께 공의 회전 속도가 전반적으로 작아지므로 공의 방향성이 나빠진다. 따라서

---

26) 이종원, 골프역학 역학골프, 청문각, 2009, 5.3.2절 '그린 위에 정지한 골프공의 압흔' 참조. 원 출처는 F. D. Werner and R. C. Greig, How Golf Clubs Really Work and How to Optimize their Design, Origin Inc., 2000, p.158.

상반되는 이 두 가지 요구 조건을 만족하기 위해서 표준 퍼터의 로프트 각을 2~5도 범위에서 제한하여 설정하고 있다.

다시 본론으로 돌아가자. 아이언이나 웨지에는 홈이 있고 최근 USGA 에서는 로프트각 25도 이상의 클럽 타면의 홈에 대한 제한 규정까지 내 놓았다.[27] 정상적인 타구, 즉 타면과 공 사이에 이물질이 끼어들지 않는 보통 타구에서는 로프트각이 매우 큰 웨지를 제외하고는 홈이 타구된 공 의 역회전에 미치는 영향은 거의 없다는 것이 실험적으로 증명되어있지 만 긴 풀에 잠긴 공을 타구할 때, 즉 공과 타면 사이에 이물질이 낄 때는 효과가 조금 있는 것으로 보고되고 있다.

퍼팅은 다른 클럽과 다른 타구 특성이 있다. 첫째는 퍼터 타면과 공 사이에 이물질이 끼어들 여지가 없다는 점 이고 둘째는 퍼팅에서는 헤드 속도가 아이 언 타구와 비교하면 10분의 1 이하 수준에 지나지 않는다는 점이다. 따라서 퍼팅에서 는 아이언 타구와 달리 타구 순간 공이 거 의 압축되지 않고 발사되므로 홈이나 밀링 가공 등으로 생긴 돌기가 공을 압축시킨 후 기어처럼 맞물고 돌아가서 공의 회전을 촉 진할 시간적 여유가 전혀 없다.

타면에 깊은 수평 홈을 낸
퍼터의 단면

27) 이종원, 역학으로 배우는 골프, 한승 출판사, 2010, 제3.17절 '드라이버는 왜 홈이 없나?' 참조.

그러면 왜 홈 가공한 수제 퍼터로 타구한 골프공에 순회전이 일찍 생기는 것처럼 느껴지는가인데, 표준 퍼터와 달리 로프트각을 2~3도로 작게 하기 때문이지 홈의 영향은 아닌 것으로 보인다. 이러한 효과는 로프트각이 3~5도인 표준 퍼터로 손의 위치는 그대로 하고 공만 평소보다 홀에서 먼쪽에 옮겨 놓거나 또는 손의 위치를 공보다 홀 쪽에 두는 전방 압박 퍼팅을 하게 되면 유효 로프트각이 작아져 로프트각이 2도인 퍼터로 퍼트했을 때와 유사하다. 한편, 인서트는 어떤 작용을 하나? 인서트 역시 퍼팅 때 공의 회전과는 무관하며 스테인리스보다 강성이 작은 플라스틱 타면이 주는 '부드러운 타구감'이 주목적이다. 홈이나 밀링 가공한 퍼터도 타구 순간 공과 접촉하는 타면의 면적이 작은 데서 오는 '부드러운 타구감과 타구음'을 갖게 한다는 게 정설이다. 다시 말해서 타면의 반발계수가 낮아져 공의 발사속도가 작아지므로 제어성이 더 향상되어 빠른 그린에서의 퍼팅 거리감을 향상시킬 수 있다. 또 한가지는 반발계수가 작아지면서 작지만 공의 발사각 역시 작아지므로 로프트각이 작은 퍼터로 퍼트하거나 전방 압박 퍼팅과 비슷한 효과가 생긴다. 따라서 속도가 매우 빠른 그린에서의 퍼팅에 유리할 수 있다.

정상적인 퍼터의 타면을 변형시켜 퍼팅 초기에 공의 역회전을 최소화한다거나 순회전을 주어 공의 구름을 원활히 한다거나 하는 상술은 과장된 면이 있고 만약 사실이라면 USGA의 규정을[28] 위반하는 것이기 때문에 당장 비공인 퍼터로 지정되어 공식 경기에서는 사용할 수 없을지 모른다.

---

28) USGA 클럽 관련 규정에 의하면 타구 때 회전 성능을 포함하여 공의 운동에 과도한 영향을 주는 타면의 어떠한 처리도 허용하지 않는다.

2-7 곡면 타면

퍼터의 타면은 전통적으로 평면이 주를 이루었다. 비록 홈을 내거나 밀링 가공을 해서 타면의 거칠기(조도)를 바꾸는 시도는 줄곧 있었지만, 평면 타면을 기조로 해서 변화됐다. 그러나 최근에는 곡면 타면을 갖는 퍼터가 등장하기도 한다.

곡면 타면 중에는 우드와 마찬가지로 그 기능은 다르지만 앞오름(roll)과 같은 형상을 하는 **앞오름 타면 기술**(roll face technology)을 적용한 퍼터가 있다. 우드의 앞오름 곡률 반지름은 대략 9~11인치 정도로 크지만, 퍼터에서는 공의 반지름과 같은 21mm로 마치 정지된 골프공에 퍼팅 속도를 갖는 또 다른 공이 충돌하는 형국이다. 장점으로는 중립인 **퍼터진로**(putting stroke)에서 잘못 벗어나 **전방 또는 후방 압박**(forward or reverse press)형 퍼팅이 되었을 때의 유효 로프트각이 변하지 않도록 한다는 점이다.

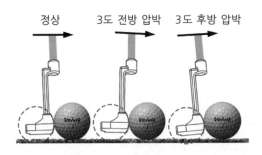

퍼터의 타면 앞오름 곡률을 골프공과 같게 하면 올려치기나 내려치기 퍼팅에서도 유효 로프트각이 변하지 않는다.

우드에서의 앞오름 대신에 **옆오름** (bulge)과 비슷하게 옆면이 볼록하게 나온 퍼터도 있다.[29] 그러나 기능은 우드의 옆오름과는 전혀 달라 타구 순간 타면 정렬 오차나 퍼터진로 오차가 생겨도 곡면 타면이 이를 어느 정도 보상하도록 하는 아이디어이다. 그러나 이 퍼터는 퍼터의 무게중심 선상에서 타구가 이루어질 때에 유효하나 빗맞은 타구에서는 타면 정렬 오차가 오히려 커질 수 있다. 퍼팅에서는 타면 정렬

타면에 옆오름 볼록 곡률이 있는 퍼터로, 반대로 비공인 오목 곡률이 있는 퍼터도 있다.

오차가 퍼터진로 오차보다 훨씬 방향성에 미치는 효과가 크다.[30] 퍼터를 포함하여 볼록한 타면을 갖는 클럽은 USGA 규제에 부합한다.

한편으로는 1800년대에 등장했다는 **오목한 타면**(concave striking face)을 갖는 퍼터도 있는데 오목 거울에 반사된 빛이 한곳에 모이는 원리와 유사하게 빗맞은 퍼팅에서도 홀을 향해 볼이 굴러갈 수 있도록 한 원리이나 홀까지의 거리가 일정하지 않은 상황에서 오목 타면의 곡률을 특정 거리에 맞추어 설계한다는 게 설득력이 떨어진다. 실제로는 앞오름처럼

---

29) 대표적으로 2011년에 Precision Putting Products Inc에 의해 처음 출시된 Radi-Eye Putter가 이에 속한다.

30) 제3.3절 '발사각과 역회전' 참조. 타면 정렬 오차와 퍼팅 경로 오차가 퍼팅 정확도에 미치는 영향은 각각 83%와 17%로 알려져 있다. D. Pelz, Dave Pelz's Putting Bible, Double-day, 2000, p.72와 p.86 참조.

위아래로만 오목한 퍼터나 옆오름처럼 옆으로만 오목한 퍼터가 있다. 그 효과가 어쨌든 퍼터를 포함하여 오목한 타면을 갖는 모든 클럽은 USGA 의 규제를 위반한다.

 기존의 퍼터에 비해 부드러운 타구감을 주도록 황동으로 만든 소눈 퍼 터(bulls eye putter)는 1940년대 중반에 출현했고 1980년대에 유행했던 퍼터로 양면이 대칭으로 왼손, 오른손잡이 모두 사용할 수 있게 되어있 다.[31] 골프 클럽 헤드는 하나의 타면만 갖도록 규제가 제정되었으나 소 눈 퍼터는 이 규제가 고려되기 전에 이미 유행했기에 퍼터에 대해서만은 서로 같은 특성을 가진 양면 퍼터를 허용하게 되었다. 따라서 양면이 소 재와 형상이 대칭인 타면을 갖는 소눈 퍼터는 공인되어 있으나 이질 고 무를 갖는 탁구채처럼 서로 다른 모양(로프트각 등)이나 물성(소재 등)을 갖 는 양면 퍼터나 다면 퍼터는 허용되지 않는다.[32]

---

31) Lyle Smith, The history of bulls eye putters, Golf Tips by Demand Media, http://golf-tips.golfsmith.com/
32) USGA, Equipment Rules: Appendix II: Design of Clubs.

골프용품 매장에 가서 드라이버나 우드/아이언 세트나 웨지를 구매할 때
는 최소한 로프트각이나 스윙무게 등을 확인한다. 그러나 퍼터를 구매할 때
는 로프트각이나 라이각이나 무게나 스윙무게나 길이 등에 대한 명세를 확
인하기 전에 눈에 띄는 대로 대충 겉모양만 보고 매장에 진열된 퍼터를 하
나씩 들어보고 연습스윙을 해 본 후 구매 결정을 하는 것이 보통이다. 퍼터
의 모양을 보고 구매 여부를 결정할 때 도움이 되는 몇 가지를 정리해보자.

● 헤드와 목 – 전통적인 풀잎형(blade type)과 망치형(mallet type), 혼합형
  이 있다.[33] 풀잎형보다는 망치형 헤드의 무게와 MOI가 큰 것이 보
  통으로 빗맞은 퍼팅 때 헤드의 비틀림에 대한 저항이 크므로 퍼
  팅 실수에 대한 관용성이 크다. 반대로, 퍼팅 속도 및 방향 조정 제
  어 능력이 그만큼 떨어지므로 정교한 퍼팅에는 불리하다. 직선 퍼
  터진로(straight-back-and-straight-through putting stroke; Dave Pelz type stroke)
  를[34] 선호하는 경기자에게는 망치형 퍼터가 적합하고 원호 퍼터진
  로(arcing putting stroke; Stan Utley type stoke)를[35] 구사하는 경기자에게는
  풀잎형 퍼터가 적합하다. 풀잎형 중 소눈 퍼터는 양면으로 퍼트할
  수 있는 특이한 형상을 하고 있다.

---

33) 풀잎형은 아이언 헤드를, 망치형은 우드 헤드를 연상하면 구별하기 쉽다.
34) 역스윙과 퍼터진로 모두 표적선과 평행한 직선 궤도를 이루는 방법으로 Pelz형 퍼팅(Dave
   Pelz style of putting)으로 잘 알려져 있다.
35) 역스윙과 퍼터진로 모두 표적선 기준 약한 원호를 그리는 방법으로 Utley형 퍼팅(Stan Utley
   style of putting)이라고도 부른다.

- 길이 − 표준 퍼터의 길이는 33~36인치가 보편적이나 경기자의 신체 조건이나 퍼팅 습관에 따라 USGA에서 규제하는 최소 18인치 이상에서 적합한 길이를 선택하면 된다. 배꼽 퍼터는 41~46인치, 긴 퍼터는 52인치 이내가 보통이다.[36]

- 정렬(alignment) − 퍼팅 때 시각적 판단으로 퍼터 타면이 표적선에 잘 정렬하도록 하되 착각에 의한 정렬 오류가 생기지 않아야 한다. 조준 도우미로 점, 선 또는 공 모양을 각인한 것이 있다.

- 감(feel) − 퍼팅에서 타격 음(impact sound)과 촉감(touch)의 되먹임(feedback)을 일컫는다. 퍼터와 공이 충돌할 때 우리 몸의 5감 중 청각과 촉각을 통해서 전해오는 감(feel)은 퍼터에 대한 단순한 감각적 선호에 그치지 않고 되먹임 신호가 되어 퍼팅이 어떻게 이루어지고 있는지를 경기자에게 알려주는 소통의 수단이 되기도 한다. 물론 감이란 매우 주관적인 척도로 정량화하기 어렵다.

- 손잡이(grib) − 연전에 최경주 PGA 투어 선수가 선보인 이후로 '최경주 그립'으로 잘 알려진, 유달리 굵은 손잡이가 달린 홍두깨 퍼터는 손이나 손목의 작은 근육을 무력화시킴으로써 손목이 돌아가는 것을 방지하여 퍼팅의 방향성을 향상하는 데 목적이 있다. 반대로 손잡이가 가늘면 손이나 손목의 감각 기능과 작은 근육을 활성화해 퍼팅 속도나 방향에 대한 정교한 제어를 가능하게 하는 장점이 있다. 손잡이가 무거울 수밖에 없던 초기 최경주 퍼터의

---

36) USGA는 퍼터의 최소 길이를 18인치로 규제하고 있지만 48인치 이내로 제한하는 다른 클럽과 달리 퍼터의 최장 길이 제한은 없다.

무게중심이 손잡이 쪽으로 이동함에 따른 스윙무게 저하 문제는 가벼운 손잡이 재질을 채택하여 해결하고 있다. 손잡이 단면 모양(원형, 노(paddle)형)에 따라 구분하기도 한다.

● 기타 – 퍼터 타면의 홈이나 인서트와 헤드의 재질이나 제조 방법 (주조, 단조 또는 밀링), 샤프트나 손잡이 재질 등이 다를 수 있다.

망치형(Mallet)	소눈형(Bulls Eye)	풀잎형(Blade)

2-9 퍼터 맞춤(2): 기술 명세

퍼터도 다른 클럽과 마찬가지로 과학적으로 설계되어 있으므로 구매하기 전에 반드시 다음의 기술 명세를 따져보아야 한다.[37]

● 헤드 무게 – 퍼터의 헤드 무게는 보통 330~335gr이나 무거운 퍼터 헤드는 400gr이 넘기도 한다. 퍼터 헤드가 무거우면 똑같은 힘에 대해서 가속이 어려워 퍼팅 속도가 작아지므로 빠른(느린) 그린에서는 헤드가 무거운(가벼운) 퍼터의 공 속도 제어성이 커진다.[38]

● 스윙무게(swing weight) – 우드나 아이언 클럽과 마찬가지로 스윙 때 퍼터의 무게감이 중요시된다. 퍼터 손잡이를 자연스럽게 쥐고 퍼터를 수평으로 들었을 때 손목에 느껴지는 무게감이 스윙 무게감인데 관습적으로 손잡이 끝에서 14인치되는 샤프트 지점 근처를 두 손으로 쥐고 수평으로 들었을 때 느끼는 무게감을 수치화해서 표시한 것이 스윙무게이다. 퍼터의 스윙무게는 웨지와 비슷하게 D0를 표준으로 하고 D1 또는 D2로 약간 무겁게 하는 경향이 있다.[39] 실제 퍼팅에서는 다른 클럽처럼 손목을 쓰지 않기 때문에 손목에 느껴지는 스윙무게가 다른 클럽보다 덜 중요하다는 설도 있다.

---

37) Sean Weir, Putter perfection, Overspin Media, 2011.
38) 퍼팅 유형에 따라 상반된 의견이 있을 수 있다. 제2.5절 '긴 퍼터와 무거운 퍼터' 참조.
39) 남성용 퍼터 기준 스윙무게이며 길이가 35인치 이상이면 스윙무게가 D8까지 커질 수 있다.

● 헤드의 MOI(mass moment of inertia) − 물체의 MOI는 회전에 대한 저항이다. 무게는 같더라도 무게중심으로부터 멀리 무게를 분포시키면[40] MOI가 증가한다. 퍼터 헤드의 무게는 무거운 퍼터를 제외하고 대부분 330gr 안팎으로, 풀잎형이나 망치형 모두 비슷한 무게를 갖고 있으나 망치형의 MOI가 클 수밖에 없다. MOI가 큰 헤드를 갖는 퍼터는 빗맞은 퍼팅 때 헤드가 덜 비틀리게 되므로 퍼팅 오차가 비교적 작게 된다. 거꾸로 MOI가 큰 퍼터 헤드는 섬세하게 퍼터진로나 타면 정렬을 제어하기 어렵게 되어 많은 프로선수는 아직도 풀잎형 퍼터를 선호하기도 한다.

● 목 편심(hosel offset) − 퍼터는 샤프트와 헤드의 조립 방법 및 위치에 따라 중앙 목 샤프트, 굽은 샤프트, 턱-목형 샤프트 등으로 나뉘며, 목 편심의[41] 정도에 따라 구분하기도 한다. 보통 오른손잡이는 오른눈, 왼손잡이는 왼눈 우성이 많지만, 양 눈 중립이거나 반대 우성 눈을 가진 사람도 적지 않다. 퍼팅 준비 자세를 취하고 골프공에 퍼터의 타면을 대고 홀 쪽을 겨냥할 때 홀에서 먼 쪽(가까운 쪽) 눈이 우성인 사람은 공이 너무 홀(홀 반대)

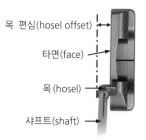

목 편심(hosel offset)

타면(face)

목(hosel)

샤프트(shaft)

---

40) 이를 주변 가중(perimeter weighting) 기술이라고 한다.

41) 목편심(hosel-offset/onset, hosel-progression/regression)은 타면이 샤프트보다 얼마큼 뒤쪽(또는 앞쪽)으로 위치하는가를 나타낸다. 이종원, 골프역학 역학골프, 청문각, 2009, 제7.2.5절 '목 편심' 참조.

쪽에 치우친다는 느낌을 받게 된다. 이를 보완하기 위해서 우성 눈 밑에 공이 오도록 목 편심을 조정하게 된다. 오른손잡이 기준으로 정리하면 우성 눈이 오른눈이면 목 편심을 주고 왼눈이면 목 편심 없는(hosel-onset) 퍼터가 조준에 유리하다.

중앙 목(Center-hosel)	굽은 샤프트(Bend shaft)	턱-목형(Heel-toe)

앞서 설명한 모양이나 기술 명세 이외에도 퍼터의 성능을 좌우하는 3 가지 각도 명세도 확인하고 구매해야 한다.

● 로프트각(loft) – 퍼터의 로프트각은 2~4도로 잔디가 짧은 매우 빠른 그린에서는 작은 로프트각의 퍼터로 퍼트할 때 공이 역회전으로 미끄러지는 구간을 줄여서 공이 순회전으로 구르기 쉽게 한다.[42] 한편, 잔디가 비교적 긴 느린 그린에서 작은 로프트각의 퍼터로 퍼트하면 공이 잔디에 박힌 후 튀어 오르는 비정상적인 현상이 생긴다. 로프트각이 4도인 퍼터로 빠른 그린에서 퍼트할 때 공을 홀에서 먼 발 쪽으로 옮기거나 손의 위치를 공보다 홀 쪽으로 두는 전방 압박 퍼팅을 하면 유효 로프트각을 줄일 수 있다. 이때 전방 압박이 지나치면 공을 위에서 아래로 내려치는 효과가 생겨 공이 순간적으로 땅에 박힌 후 통통 튈 수 있다. 로프트각이 2도나 그 이하의 퍼터라 하더라도 공을 홀 쪽으로 이동하거나 손의 위치를 홀에서 먼 쪽으로 두고 스윙궤도의 바닥 점을 지난 후 상승궤도에서 올려치는 후방 압박 퍼팅을 하면 반대로 유효 로프트각이 3~4도로 증가하는 효과가 생긴다. 1992년 이래 퍼터 제조 명가인 스카티 카메론(Scotty Cameron)은 전통적으로 로프트각 4도를 고집하고 있는데 그 이유는 그린에 잠겨있는 골프공을 탈

---

42) USGA는 퍼터의 로프트각을 10도 이내로 규제하고 있다.

출시키는데 적어도 4도의 로프트각이 필요하다는 논리이다. 그러나 그린 관리 기술의 발달로 잔디를 짧게 유지할 수 있게 됨에 따라 예전과 달리 그린이 갈수록 빨라지면서 공 무게로 눌리는 잔디의 깊이도 작아지므로 퍼터의 최적 로프트각도 4도보다는 작아져야 할 필요가 있다.[43]

● 중력각(gravity angle) – 퍼터의 무게중심(balance) 부분을 손가락 위에 올려놓고 균형을 잡을 때 타면이 하늘을 똑바로 향하거나, 코(toe) 쪽이 지면을 향해 숙이게 되는데, 이를 각각 타면 균형(face balanced)형과 고개 숙임(toe hang; toe down)형 퍼터라고 부른다. 이때의 퍼터 고개 숙임각도를 중력각이라고 한다. 퍼터 페이스를 정면으로 바라볼 때 타면 균형형은 대부분의 망치형 퍼터처럼 샤프트의 연장선이 퍼터 헤드 타면 중심 바로 앞 쪽을 지나며 직선 퍼터진로를 선호하는 경기자에게 적합하다. 고개 숙임형은 풀잎형 퍼터처럼 헤드 타면 중심에서 턱 쪽(heel side)으로 치우쳐 지나며 심한 원호 퍼터진로(strong arcing stroke)를 구사하는 경기자에게 적합한 것으로 알려졌다.[44] 최근에는 약한 원호 퍼터진로(slight arcing stroke; Stan Utley type stroke)를 구사하는 경기자를 위해 타면 균형형과 고개 숙임형의 중간인 중간 숙임(mid hang)형 퍼터도 유행하고 있다.

---

43) 기록에 의하면 1930년대 맹활약을 했던 바비 존스(Bobby Jones)는 로프트각이 8도인 퍼터를 사용했다고 한다. 당시에는 그린 속도가 매우 느려서 비교적 큰 로프트각의 퍼터가 필요한 것으로 보인다.

44) 전자를 'face-balanced putter', 후자를 'toe-hang putter', 타면이 지면에 완전히 수직이면 'toe-down putter'라고 부른다. Sean Weir, Putter perfection, Overspin Media, 2011 참조.

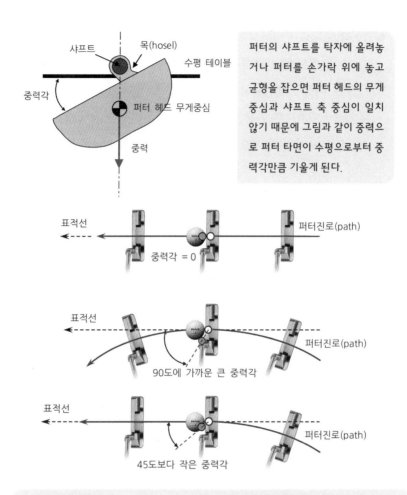

샤프트　목(hosel)

수평 테이블

중력각

퍼터 헤드 무게중심

중력

퍼터의 샤프트를 탁자에 올려놓거나 퍼터를 손가락 위에 놓고 균형을 잡으면 퍼터 헤드의 무게중심과 샤프트 축 중심이 일치않기 때문에 그림과 같이 중력으로 퍼터 타면이 수평으로부터 중력각만큼 기울게 된다.

표적선

퍼터진로(path)

중력각 = 0

표적선

퍼터진로(path)

90도에 가까운 큰 중력각

표적선

퍼터진로(path)

45도보다 작은 중력각

퍼터진로의 유형에 따라 샤프트 축 연장선이 지면에 닿는 위치가 다른 퍼터가 퍼팅 방향성에 유리하다.

(위 그림) 퍼터진로가 일직선이면 샤프트 축 연장선이 지면에 닿는 위치가 타구 순간 퍼터 헤드의 무게중심과 표적선에 정렬할 수 있는 퍼터, 즉 타면 균형 퍼터(face balanced)가 유리하다.

(가운데 그림) 퍼터진로가 원호를 그리면 샤프트 축 연장선이 지면에 닿는 위치가 퍼터 헤드의 무게중심보다 원호 안쪽에 있는 퍼터, 즉 고개 숙임이 큰 퍼터가 퍼팅 방향성에 유리하다.

(아래 그림) 퍼터진로가 초기에는 원호를 그리다가 타구 직전 일직선이면 고개 숙임이 작은 퍼터가 좋다.

● 라이각(lie angle) - 퍼터의 라이각은 퍼터 헤드 바닥(sole)을 절대 수평으로 유지할 때 샤프트가 수평과 이루는 각으로 USGA에 의해서 80도 이하로 제한되어 있다. 쉽게 설명하면 샤프트가 헤드 가운데에서 직각으로 연결된 게이트볼 스틱이나 폴로 스틱의[45] 라이각은 90도가 된다. 만약 라이각 90도의 퍼터를 허용한다면 퍼팅이 지금보다 쉬워지는 반면 재미는 반감되었을 것이다. 다른 클럽의 라이각과 마찬가지로 준비자세에서 코(toe)가 들리면(upright lie) 유효(실제) 라이각이 작아져 타면이 닫히게 되고, 턱(heel)이 들리면(flat lie) 유효 라이각이 커져 타면이 열리게 되어 퍼팅 방향성에 오차가 생긴다. 하지만 라이각 정렬이 10도 어긋나더라도 로프트각이 4도인 퍼터는 타면 정렬불량각이 0.7도, 로프트각이 2도인 퍼터는 타면 정렬불량각이 0.3도 정도로 작은 편이다. 거울옆 편평한 바닥에서 정상적인 퍼팅자세를 잡았을 때 퍼터의 바닥이 수평이면 올바른 라이각의 퍼터이다. 퍼터에 따라 라이각이 64~76도 범위에 분포되어 있으나 표준형 퍼터의 라이각은 70~72도가 보통이다.

---

45) 폴로에서는 '말렛(mallet)'이라고 부른다. '망치형(mallet type) 퍼터'와 같은 뜻이다.

2-11 퍼터 맞춤(4): 퍼터 살 때 고려 사항

퍼터를 구매할 때 고려해야할 사항으로 앞서 기술한 퍼터 맞춤에 대한 내용을 표로 요약하면 아래와 같다.

기술 명세	추천 명세(참고용)		점검 사항
길이, 모양, 라이각	길이 및 모양은 편한대로, 라이각은 보통 70~72도 근처가 무난		실제 퍼트할 때의 느낌, 자세나 무게감이 좋은 퍼터 선택
로프트각	2도		후방 압박 퍼팅형 빠른 그린 퍼팅
	3도		표준 퍼팅형 빠르기가 보통인 그린 퍼팅
	4도		전방 압박 퍼팅형 느린 그린 퍼팅
무게중심 (중력각)	중력각 45도 이상 코 처짐 (toe hang)		퍼터진로가 원호를 그릴 때 (Utley형)
	중력각 22.5도 부근 코 처짐 (mid hang)		퍼터진로가 원호와 직선 혼합형일 때
	중력각 0도인 타면 균형 (face-balanced)		퍼터진로가 직선일 때 (Pelz형)
목 편심	1 샤프트 편심		오른눈이 우성인 사람(오른손잡이 기준)
	1/2 샤프트 편심		양눈이 중립인 사람
	0 편심		왼눈이 우성인 사람(오른손잡이 기준)
헤드 무게	330~360gr		표준 무게(350gr)
	360gr 이상		타구 순간 감속되는 경향이 있을 때
스윙무게	D0~D8(남성 경기자)		웨지와 비슷한 스윙무게가 무난함

제3장

퍼팅 역학

* 표시가 있는 주제 관련 역학 원리는 부록에 수록

3-1 그린 빠르기와 스팀프 측정기

각종 공식 골프 경기를 텔레비전으로 관전하다 보면 중계 초기에 경기가 열리는 골프장의 소재지나 이름, 코스 설계자뿐 아니라 페어웨이, 그린, 풀숲(rough)이 어떤 종류의 잔디로 이루어졌는지와 아울러 그린의 빠르기를 나타내는 스팀프를 게시하기도 한다. 스팀프는 스팀프 측정기 (stimpmeter)를 이용하여 손쉽게 측정할 수 있다.

스팀프 측정기는[1] 중앙에 긴 V형 홈이[2] 있는 길이가 36인치(3피트)인 금속(보통은 알루미늄) 막대로 손잡이 쪽 끝으로부터 6인치 되는 지점에 작은 가로막 장치나 홈이 있다. 골프공을 가로막 위 또는 홈 위에 올려놓고 막대의 다른 쪽 끝을 평평한 그린에 올려놓고, 가로막이나 홈이 있는 손잡이 쪽을 서서히 들어 올려 막대가 수평으로부터 20도[3] 경사지게 하면, 자동으로 풀어진 가로막이나 홈에서 굴러나온 공이 V형 홈을 따라 자연스럽게 경사진 막대 위를 30인치 굴러간 후에 그린에 연착륙하여 계속 굴러가도록 한 장치이다. 즉 스팀프 측정기는 골프공의 그린 착지속도와 입사각을 일정하게 하는 현장에서 쉽게 쓸 수 있는 장치이다.

---

1) USGA, Stimpmeter Instruction Booklet, 2004.
2) V 홈의 각도는 145도로 골프공과 홈이 0.5인치 떨어진 두 점에서 접촉하게 되며, 연착륙을 위해서 지면에 닿는 막대 끝 부분은 테이퍼로 가공되어 있다.
3) 손잡이 쪽 끝으로부터 6.6인치 위치의 가로막이 경사 21도에서 풀린다는 주장도 있다. 착지속도에는 큰 차이가 없다. NBC Learn, Kinematics, Science of Golf videos, June 3, 2013 참조.

스팀프 측정기를 이용하
여 스팀프, 즉 그린 빠르기
를 정하는 방법은 다음과
같다.

1. 우선 측정하려는 그린에서 비교적 평평한 장소를 골라 3개의 골프
   공을 이용하여 스팀프 측정기 끝에서 굴러간 평균 거리를 피트로
   환산한다.

2. 평평한 장소를 골랐지만, 작지만 혹시 있을지 모르는 경사를 고려
   하여 공이 정지한 곳에서 반대 방향으로 1의 과정을 반복하고 1과
   2의 결과를 평균하여 그린의 빠르기로 정한다.

명문 골프장에서는 정기적으로 모든 그린의 스팀프를 측정하여 골프
장 전체 그린의 상태를 균일하게 관리할 수 있다. PGA 투어 경기에서 그
린 빠르기는 스팀프로 10~13이며, 일반 경기에서는 8~9이고 10 이상을
유지하기 위해서는 잔디를 짧게 깎거나 그린을 다져야 하므로 잔디의 생
육을 위한 관리 비용이 많이 든다. 그린 빠르기를 결정짓는 요인으로는,

- 잔디의 높이 및 깎는 방법, 깎는 횟수와 사용 장비
- 잔디의 수분 함유량: 건조한 잔디의 속도가 더 빠르다.
- 잔디 관리 방식: 비료 살포 방법, 모래 크기, 통풍, 다지기 등

이 있다.

스팀프 측정기는 미국 매사추세츠 주 1935년도 아마추어 우승자인

에드워드 스팀슨(Edward S. Stimpson)이 정확하고 통계적으로 의미 있는 퍼팅 그린 빠르기 측정의 필요성을 인지하고 60여 년 전 고안한 장치로 1976년 미국골프협회(USGA)의 기술위원장 프랭크 토머스(Frank Thomas)가 수정하여 1978년부터 공식적으로 사용하고 있다.[4] 그린의 빠르기를 측정하는 이 간단한 장치의 개발은 골프경기의 발전에 크게 공헌하였을 뿐 아니라, 골프장 그린의 관리 방식 및 표준화에 큰 변화를 가져온 계기가 되었다. 스팀프가 정식으로 도입된 시기인 1976~1977년 중 미국 골프장 그린의 평균 스팀프는 6.5에 지나지 않았고 7.5 이상만 되어도 매우 빠른 그린으로 인식되었으나 1983년에는 스팀프 10은 되어야 퍼팅의 묘미를 살릴 수 있고, 최소 8은 되어야 퍼팅을 즐길 수 있게 되었다.[5] 그 이후로도 미국에서는 선호하는 그린 빠르기가 계속 증가해 왔으며 2006년에는 목표 스팀프가 10 이상으로 높아지게 되었다. 한편 스팀프가 13을 초과하면 그린의 관리가 매우 어려워지며 때에 따라서는 잔디에 돌이킬 수 없는 손상을 줄 수 있다.

그린 빠르기는 공이 그린 잔디를 누르고 구를 때 생기는 공과 그린 사이의 구름마찰 저항의 역수라고 할 수 있다. 따라서 그린이 빠르면 공이 훨씬 잘 구르게 된다. 그러나 역설적으로 그린 속도가 빠를수록, 즉 구름마찰 저항이 작은 그린일수록 같은 퍼팅 거리에 대해 공 속도가 느려야 하므로 공이 홀에 도달하는 시간이 더 길어져 경사면에서 퍼트선의 휨이 더 심해진다.

4) F. Thomas & V. Melvin, Dear Frank…: Answers to 100 of Your Golf Equipment Questions, Frankly Publications, 2008, p.130-131.
5) Jerry Lemons, Putting Green Speeds, Slopes, and Non-Conforming Hole Locations, USGA Green Section Records, July/August, 2008.

PGA투어 경기가 열리는 골프장의 평균 그린 빠르기는 스팀프 10.5~12로 알려졌다. 그린이 빠르기로 가장 유명한 골프장은 매년 마스터스(Masters) 경기가 열리는 미국 조지아 주에 있는 오거스타 국립 골프장(Augusta National Golf Club)으로 스팀프 12~13에 달해서, 마치 대리석 바닥에서 퍼트하는 것 같다고 하여 매우 빠른 그린을 '오거스타 빠르기(Augusta fast)' 라고 부르기도 한다. 한편, 보통 페어웨이의 빠르기는 스팀프로 환산하면 4 이하가 보통이다. PGA 투어 역사상 가장 빠른 페어웨이로 기록된 곳은 1998년 U.S. Open이 열린 샌프란시스코의 올림픽 클럽(Olympic Club)인데, 페어웨이 빠르기가 무려 스팀프 6.5로 그린 관리가 부실한 동네 골프장의 그린 빠르기에 해당한다. 그린 주변의 비교적 짧은 잔디 지역인 프린지(fringe)의 빠르기는 페어웨이와 그린 빠르기의 중간 정도가 된다.

퍼팅 교습에서 흔히 스팀프 퍼팅(one stimpmeter putting)을 언급하는데 이는 스팀프 측정기에서 굴러서 그린에 착지하는 공의 속도(약 2m/s)를 재현하는 퍼팅을 일컫는다. 따라서 스팀프 퍼팅을 할 때, 즉 공의 발사속도를 2m/s 정도로 유지할 때 공이 정지하기까지 굴러간 거리를 피트(ft) 단위로 환산하면 그린의 스팀프와 일치하게 된다. 예를 들어, 스팀프 10인 평지 그린에서 스팀프 퍼팅을 하면 공이 10ft(약 3m) 굴러간 후 정지하게 된다.

잔디 조건과 빠르기[6]

스팀프	잔디 조건	스팀프	잔디 조건
1	짧은 풀숲	8(8.5)	보통 그린
2	부드러운 페어웨이	9(9.5)	약간 빠른 그린
3	보통 페어웨이	10(10.5)	빠른 그린
4	단단한 페어웨이	11	매우 빠른 그린
5	티 지역, 가장자리	12	PGA 투어 그린
6(6.5)	매우 느린 그린	13	Augusta 그린
7(7.5)	느린 그린	14	너무 빠른 그린

( )안의 숫자는 H. A. Templeton, Vector Putting, 1986, p33에서 분류한 그린 빠르기로 스팀프 11 이상 빠른 그린이 없었던 1980년대와 비교해서 2000년도의 그린 빠르기가 50% 이상 증가한 것을 알 수 있다.

요즘에는 국내 일부 유수 골프장에서도 경기 출발지역 근처에 친절하게 당일의 그린 빠르기와 그린 및 페어웨이 잔디의 높이까지[7] 상세한 정보를 알리고 있다. 잔디의 높이까지야 전문가가 아니면 어떻게 당일 경기에 활용할지 모르는 게 당연하더라도 최소한 그린 빠르기에 대한 정보는 당일 경기에 유용하다. 보통 동네 골프장에서의 그린 빠르기는 스팀프로 6~8이 보통이고 공식 경기가 있기 전후의 그린 빠르기는 9~11 정도라고 보면 틀림없다. 모두 피트(feet) 단위로 국제표준 단위인 미터(meter)를 써야 하는 국내에서는 이를 다시 미터로 환산하여 1.8~2.4 또는 2.7~3.3미터로 공지하기도 한다.

스팀프 측정기는 개인이 골프장에 가지고 다니기에는 매우 불편하고 또 경기 중에는 사용할 수 없으므로 사전 고지된 그린 빠르기 정보를 참

---

6) D. Pelz, Dave Pelz's Putting Bible, 2000, p328. 표에서 ( )안의 숫자는 H. A. Templeton, Vector Putting, 1986, p.33에서 분류한 그린 빠르기로 스팀프 지수 11 이상 빠른 그린이 없었던 1980년대 초와 비교해서 2000년도의 그린 빠르기가 50% 이상 증가한 것을 알 수 있다.
7) 이를 어려운 일본식 한자어로 '예고(刈高)' 또는 '예지고(刈地高)'라고 쓰기도 한다. 풀을 깎는 기계를 예초기라고 하는 것과 같은 용례이다.

고하거나 별수 없이 경기 전 실제 코스의 그린과 같은 조건으로 만들어진 연습 그린에서 그린 빠르기를 대략 추정한 후에 경기를 시작하는데 그 방법을 소개하면 다음과 같다.

먼저 평소 가장 자주 가는 (스팀프 8 정도이면 딱 맞지만 약간 달라도 상관없다) 동네 골프장에서 8 걸음걸이(보폭)에서 공이 정지하는 역스윙 거리와 감각을 익혀야 한다. 나는 퍼팅 준비자세에서 공을 양발 중앙에 두고 퍼터 헤드가 오른발 약간 못 미치는 거리까지 오도록 역스윙을 한다. 그런 후에 다른 골프장 연습 그린에서 비교적 평탄한 지역을 골라 같은 요령으로 2~3번 연속 퍼트한 후에 공이 정지한 거리를 발걸음으로 재서 그 평균을 구한다. 다시 공이 정지한 지역에서 출발점을 향해 반대로 똑같은 시도를 반복한 후 그 평균을 구한다. 그런 후에 출발점과 정지점의 경사를 보상하기 위해서 앞서 두 번의 평균 걸음걸이의 평균을 구하면 대략 그린 빠르기에 해당한다. 이 방법은 앞서 설명한 스팀프 퍼팅의 원리를 현장용으로 재현한 것이다.

* 역학 원리는 부록에 정리

INFORMATION

■ 거리 표시는 미터(m) 입니다.
■ 코스 전장은 티잉그라운드 센터에서 그린 센터까지 거리 입니다.
■ 앞핀은 적색, 중핀은 백색, 뒷핀은 청색 입니다.

◆ 홀 세 팅
· 챔피언 티 : 6580 m
· 레귤러 티 : 6180 m
· 시니어 티 : 5250 m
· 레이디스티 : 4530 m

◆ 예 지 고
· 그   린 : 4.1 mm
· 티그라운드 : 12 mm
· 페어웨이 : 15 mm
· A 러프 : 25 mm
· B 러프 : 55 mm

◆ 그린 스피드 : 2.6 m

Beach course   Maple course

maple beach

국내 어느 골프장 경기 출발지역에 고지된 그린 빠르기와 그린, 페어웨이 및 풀숲의 풀 높이 관리에 대한 정보가 한눈에 들어온다. 이날 그린 빠르기 2.6m는 스팀프 지수로 8.7에 해당하고 약간 빠른 정도이다.

3-3 발사각과 역회전[*]

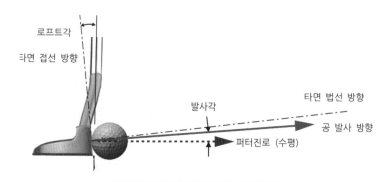

로프트각

타면 접선 방향

타면 법선 방향

발사각

공 발사 방향

퍼터진로 (수평)

퍼팅에서 공의 발사각(옆에서 본 그림)

　　보통 4도 이하로 작지만, 퍼터도 로프트각(loft)을 가진다. 그린 위에 놓인 공은 그린 빠르기에 따라 다르지만 그린 잔디를 1~4mm 누르고 잔디에 잠기게 되는데[8] 로프트각이 없는 퍼터로 퍼트하면 공이 앞으로 발사될 때 마치 갈대밭 속을 걷는 것처럼 계속 잔디 풀을 헤치고 밟아 누르며 진행해야 하므로 마찰 저항이 클 뿐 아니라 불규칙적이라 공의 운동을 예측하기 힘들다. 잔디의 저항을 줄이면서 홀을 향해 공을 잘 굴리려면 발사 초기에 3~4도의 로프트각을 갖는 퍼터로 잔디에 잠긴 공을 먼저 꺼내어 공중으로 띄어주어야 한다. 이때 골프공의 발사각은 로프트각의 86~92%가 되어 퍼트한 공은 초기에 타면이 향한 방향보다 조금 낮게 발사된다. 로프트각 4도인 퍼터로 퍼트할 때 공 발사각은 3.4도 이상

---

8) F. D. Werner, R. C. Greig, How Golf Clubs Really Work and How to Optimize their Designs, Origin Inc., 2000; 이종원, 골프 역학 역학 골프, 청문각, 2009, 제5.3.2절 '그린 위에 정지한 골프공의 압흔' 참조.

으로 로프트각보다 기껏해야 0.6도 작다.

위와 같은 로프트각과 공 발사각의 관계는 타면 정렬불량(face misalignment)이나 퍼터진로 정렬불량(putter path misalignment)이 있을 때의 퍼팅에 그대로 적용된다.

타면은 조준선(aim line)에 대해 잘 정렬(square)되어 있지만, 퍼터진로가 조준선에서 벗어난 퍼터진로 정렬불량 때 각도 관계를 아래 그림에 보였다. 이때 조준선과 퍼터진로가 이루는 퍼터진로 정렬불량각(이때는 페이스각(face angle)이라고 함)이 수평면에서의 로프트각에 해당하므로 조준 오차각(aim error)은 퍼터진로 정렬불량각의 8~14%가 된다.

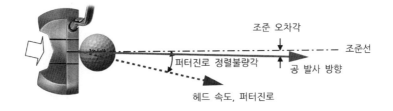

퍼터진로 정렬불량과 조준 오차각(위에서 내려다 본 그림)

한편, 퍼터진로는 조준선에 잘 정렬되어 있지만, 타면이 조준선에 정렬되지않을 때의 각도 관계를 아래 그림에 보였다. 타면 정렬불량 때는 타면 정렬불량각이 페이스각에, 조준 오차각이 공 발사각에 해당하므로 타면 정렬불량이 퍼팅 정확도에 미치는 영향은 86~92%로 타면 정렬오차가 거의 그대로 조준 정확도에 나쁘게 반영된다.

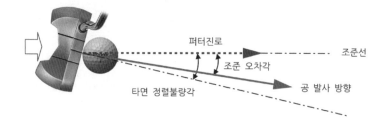

타면 정렬불량과 조준 오차각 (위에서 내려다 본 그림)

결론적으로 타면 정렬불량이 퍼터진로 정렬불량보다 퍼팅 방향성에 미치는 영향이 5배 이상 크다. 그만큼 퍼팅에서는 퍼터진로보다 타면 정렬에 더 집중해서 퍼트하는 것이 유리하다는 실증이다. 예를 들어 똑같은 6도의 정렬불량이라도 퍼터진로 정렬불량에 의한 조준 오차각은 1도 미만에 지나지 않지만 타면 정렬불량에 의한 조준 오차각은 최소 5도나 된다.[9]

퍼터진로와 타면 정렬 방향이 일치하지 않으면 퍼팅 방향성이 당연히 나빠지지만, 퍼터진로에 대해 타면이 열린 방향으로 공에 가해지는 **횡회전**(side spin) 때문에 퍼트선이 밖으로 또는 안으로 더 휘어지지는 않는다.[10] 그 이유는 횡회전은 퍼터진로나 타면 정렬불량에 비례하는데 보통 정렬불량각이 크지 않으므로 기껏해야 분당 20~30회전 미만이고, 공기 중에서와 달리 횡회전은 공이 지면과 접촉하는 즉시 지면과의 큰 회전마찰로 곧 줄어들기 때문이다.[11] 따라서 일부러 공에 횡회전을 주어 퍼트선을 조정하려는 시도는 무모하다.

* 역학 원리는 부록에 정리

9) John Wesson, The Science of Golf, Oxford University Press, 2009, p.147-149.
10) H. A. Templeton, Vector Putting: The Art and Science of Reading Greens and Computing Break, Vector Golf Inc., 1986, p.48.
11) 공기 중에서 공의 회전으로 탄도가 휘는 효과(이를 마그누수 효과라고 한다)는 크다. 예를 들어 드라이버 타구에서 타구 순간의 수평면 스윙진로나 타면 정렬오차가 작더라도 페이드나 드로우 구질의 탄도가 된다. 공기 중과 달리 지면에서는 마그누수 효과가 없다.

그린이 당구대나 볼링 레인처럼 단단하고 매끄럽다면 공의 구름마찰 저항이 매우 작아 골프공이 지금보다 훨씬 잘 구르게 된다. 공식 경기를 하는 골프장의 그린은 풀이 매우 짧고 단단하게 관리하므로 일반 골프장과 비교하여 그린이 매우 빠르다. 그러나 아무리 빠른 그린이라도 풀이 전혀 없는 단단한 대리석 바닥은 아니다. 스팀프 13인 엄청나게 빠른 그린에 골프공을 가만히 놓아도 자중만으로 그린 잔디가 1mm 정도 눌리고 스팀프 7인 느린 그린에서는 5mm나 공이 풀에 잠긴다.

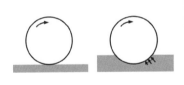

(왼쪽 그림) 그린이 당구대처럼 단단하고 매끄러우면 골프공의 구름마찰 저항이 매우 작다.
(오른쪽 그림) 실제는 골프공 진행 방향 풀이 눌려서 공의 진행을 방해한다. 자연 느린 그린은 풀이 길어서 구름마찰 저항이 크다.

퍼트한 골프공은 초기에 퍼터의 로프트각보다 조금 작은 발사각을 갖고 공중으로 발사된다. 공이 그린 표면에 착지하면 다시 그린을 살짝 치고 튀어 오르기를 여러 번 반복하면서 미끄럼과 구름 운동이 섞여서 나타나다가 미끄럼 마찰력이 커지면서 순 구름 운동으로 바뀌게 된다. 이러한 현상은 새벽이슬에 살짝 젖어있는 그린에서 먼 거리 퍼트한 후 그린에 남겨진 골프공 자국을 보면 쉽게 알 수 있다.

그린에서 골프공의 운동은 좀 복잡하다. 특히 퍼팅 직후 짧은 거리에서 세 가지 다른 형태의 운동이 순식간에 나타나므로 맨눈으로 그 변화를 식별하기 쉽지 않다. 알기 쉽게 설명하기 위해서 스팀프 8인 보통 빠르기의 그린에서 3m 퍼팅을 예로 그림으로 설명해보자. 로프트각 4도인 표준 퍼터를 쥐고 수평 진로로 퍼트한 공은 초기 약 10cm 거리 구간에서는 발사각 약 3도로 자중으로 눌렸던 잔디로부터 탈출하여 6mm 정도 공중에 뜨는 포물선을 그리며 비행하는데, 작지만 로프트각 때문에 분당 46회전의 역회전 속도를 가진다. 따라서 착지 때 그린 표면과의 미끄럼 마찰을 피할 수 없으며 마찰력이 미끄럼을 충분히 이길 정도로 커질 때까지 구름 운동을 동반한 미끄럼 운동을 하게 된다. 이 거리가 약 25cm로 이 구간에서는 공이 미끄러지면서 서서히 역회전에서 순회전으로 바뀌게 된다. 그 이후 265cm 거리 구간에서는 순 구름 운동을 하면서 공 속도가 서서히 줄어들어 결국 정지하게 된다.[12] 경사면 퍼팅에서는 중력 때문에 퍼트선이 휘는데 총 퍼팅 거리 중 초기 10~15%에서는 공 속도도 크지만, 공중 비행과 미끄럼 운동이 지배하므로 순 구름 운동을 하는 후반 80~85% 구간보다 경사에 따른 퍼트선의 휜 정도(break)가 매우 작다. 홀까지 거리가 1m 미만이고 경사가 심하지 않다면 홀을 지나치는 퍼팅 거리를 고려했을 때 경사에 따른 휨 영향을 받는 거리(순 구름 운동을

---

12) 이종원, 골프역학 역학골프, 청문각, 2009, 제5.3.4절 '그린 운동학' 참조. 책에 따라 약간 다른 주장도 있다. 예를 들어 20% 미끄러지다가 80% 구른다는 주장 (R. Maltby, Golf Club Design, Fitting, Alteration and Repair: the Principles and Procedures, 4th ed., Ralph Maltby Enterprises, Inc., 1995, p.544), 4% 비행하고 11% 미끄럼 운동 후 나머지 85% 순수 구름 운동으로 마감한다는 주장(Frank Thomas and Valerie Melvin, The Fundamentals of Putting, Frankly Golf, 2012)이 있다.

하는 후반 구간)도 상대적으로 짧아지기 때문에 굳이 경사 높은 홀 바깥쪽을 조준하기보다는 퍼팅 속도를 약간 빠르게 하면서 직접 경사 높은 홀 안쪽을 조준해서 퍼트하는 것이 좋을 수 있다. 예를 들어 홀까지 거리가 60cm이고 홀을 40cm 지나는 퍼팅을 시도한다고 하면 총 퍼팅 거리 1m의 처음 15cm에서는 거의 미끄럼 직선 운동을 하므로 홀까지 거리 중 실제로 경사 때문에 퍼트선이 휨 영향을 크게 받는 남은 거리는 45cm에 지나지 않는다.

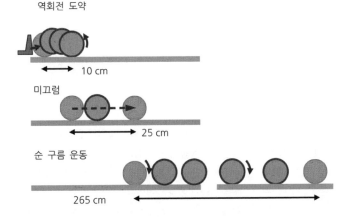

역회전 도약

10 cm

미끄럼

25 cm

순 구름 운동

265 cm

스팀프 지수 8인 그린에서 로프트각 4도인 퍼터로 3m 퍼트를 하면 총 퍼팅 거리 대비 초기 3~4%는 작지만, 역회전하며 공이 공중을 날다가 착지한다. 다시 8~9% 거리에서 구름 동반 미끄럼 운동을 하다가 나머지 88% 구간을 순 구름 운동으로 마무리한다. 세 운동 구간 거리의 비율은 퍼터 로프트각과 퍼팅 거리에 따라 약간씩 달라진다.

퍼팅에서는 발사 초기 공에 횡회전을 주어 퍼트선을 더 휘게 할 수 없고 순회전을 주기도 어려우며 미끄럼 운동을 하는 구간은 대체로 퍼팅 거리의 초기 15%나 된다.[13] 이 초기 미끄럼 운동 구간에서는 공 속도가 상대적으로 빨라서 경사에 따른 휨 영향을 받을 시간이 짧긴 하지만 순 구름 운동보다 회전 속도가 느려서[14] 퍼팅의 방향성과 제어성이 나빠질 수 있다. 여기서 공 속도와 거리의 관계를 자세히 보면 초기 빠른 속도로 미끄러지는 공 운동이 순 구름 운동으로 바뀌면서 공 속도가 서서히 줄 어들다가 정지하기 전 20~30cm 구간에서 자중으로 풀에 더 잠기면서 급격히 실속 후 정지한다. 늘 공이 홀을 30~45cm 지나치도록 퍼트해야 하는 또 다른 이유이기도 하다.

공 정지 때 잔디의 눌림   공 미끄럼/구름 구간 잔디 눌림   공 실속 때 잔디의 눌림

그린에서 퍼팅 때 골프공의 움직임과 잔디가 눌리는 깊이의 관계를 보인다. 퍼팅 전 공이 멈추었을 때는 공의 자중으로 잔디 풀이 1~4mm 눌려있다. 로 프트가 있는 퍼터로 일단 풀에 잠긴 공을 위로 탈출시키고 다시 그린에 연착 륙시킨다. 공이 움직일 때는 잔디가 눌리는 깊이가 작으나 정지하기 직전에 는 다시 정지 때와 비슷하게 자중으로 잔디에 다시 잠기게 된다. 이때 풀의 저항이 갑자기 커지므로 실속이 급격히 일어난다.

* 역학 원리는 부록에 정리

13) H. A. Templeton, Vector Putting: The Art and Science of Reading Greens and Com- puting Break, Vector Golf Inc., 1986, p.54.
14) 전문 용어로 각 운동량(angular momentum)이 작아서 퍼트선 주변의 불규칙한 그린 상태에 따라 실제 퍼트선의 방향이 쉽게 바뀔 수 있다.

퍼팅에서 자연스럽게 공에 걸리는 초기 역회전은 퍼팅 성능에는 전혀 도움이 못 된다. 홀을 향해 그린 위를 굴러가는 골프공에 역회전이 걸리면 공이 자연스럽게 구르지 못하고 미끄럼을 동반한 구름 운동을 하게 되어 홀을 향한 공의 순조로운 진행을 방해한다. 이러한 관점에서 본다면 그린 위에서 공의 초기 역회전은 금물이다. 퍼팅 초기 공에 역회전을 걸지 않으려면 퍼터의 로프트각이 없거나 음(-)이 되어야 한다. 그런데 표준 퍼터는 작지만 2~4도 양(+)의 로프트각을 갖도록 설계되어 있다. 이러한 모순이 발생하는 이유는 무엇일까?

의외로 많은 사람이 왜 퍼터에 로프트각이 있는지 의아해한다. 단단한 그린에서 공을 굴리는데 왜 로프트각이 필요한가에 대해서 제대로 이해하지 못하는 골프 지도자나 상급자를 간혹 만나기도 한다. 겉으로는 단단해 보이는 그린이라도 공이 자중으로 최소 1~2mm 잔디에 잠기게 되므로 퍼터의 최우선 역할은 풀에 잠긴 공을 공중으로 탈출시키는 것이다. 이를 위해서는 최소 2~4도의 로프트각이 필요하게 된다. 로프트각이 있으면 작지만 이에 비례해서 불필요한 역회전이 생기며 퍼팅 속도가 빨라져도 이에 비례해서 역회전이 커진다.

잔디의 최대 눌림
(maximum indentation)

그린의 빠르기는 잔디의 종류, 수분 함유량, 관리 방식에 따라 달라지지만, 무엇보다도 잔디의 높이와 깎는 방법에 따라 크게 바뀔 수 있다.[15] 그린의 빠르기는 스팀프로 대략 7~13으로 구분하며, 그린이 단단할수록 스팀프에 비례해서 그린의 빠르기도 빨라진다. 스팀프 13의 매우 단단한 그린에 정지한 공도 자중으로 잔디를 누르게 되는데 최대 눌림은 1mm 정도이며 스팀프 7의 관리가 잘 안 된 그린에서 잔디의 최대 눌림은 4mm나 된다. 공의 지름이 약 43mm인 점을 고려한다면 그린 위에 놓인 공 크기(지름)의 2.5~10%가 잔디에 묻히는 셈이다.[16]

따라서 그린에서 퍼트할 때 홀을 향해서 공을 굴리기 전에 잔디에 파묻힌 공을 꺼내어 낮게 공중으로 띄어 올리는 것이 급선무라고 할 수 있다. 만약에 그린이 대리석 바닥처럼 단단하다면 어떤 일이 벌어지나? 로프트각이 있는 퍼터로 공을 공중으로 띄어 올리면 공이 여러 차례 단단한 바닥과 부딪히며 뜀 운동을 하게 되어 바람직하지 않으므로 이때는 로프트각이 없는 퍼터가 오히려 제격이다. 한편, 그린 잔디에 묻힌 공을 꺼내기 위해서는 대략 2~4도의 로프트각을 갖는 퍼터를 사용하는 것이 보통이며, 퍼팅 준비 자세에서 퍼팅 스윙 원호의 하사점(바닥)보다 2인치 정도 홀을 향해서 공을 위치하도록 하여 퍼터의 유효 로프트각을 2도 정도 추가로 크게 하도록 지도하기도 한다.[17]

15) 이종원, 골프역학 역학골프, 청문각, 2009, 제5.3.1절 '스팀프 측정기' 참조.
16) 이종원, 골프역학 역학골프, 청문각, 2009, 제5.3.2절 '그린 위에 정지한 골프공의 압흔' 참조. 원 출처는 F. D. Werner and R. C. Greig, How Golf Clubs Really Work and How to Optimize their Design, Origin Inc., 2000, p.158.
17) D. Pelz, Dave Pelz's Putting Bible, Doubleday, 2000, p.95, p.367.

그래도 주위에는 퍼팅 때 일부러 퍼터 헤드의 타면(face)을 앞으로 숙여 유효 로프트각을 0 또는 심지어 음으로 하면서 타구 순간 퍼터 타면을 위로 쳐들어 즉 퍼터진로를 위로 향하게 하여 순회전을 가할 수 있다거나 그래서 공이 더 안정되게 홀을 향해서 굴러간다고 주장하는 경기자가 뜻밖에 많다. 아무리 설명을 해도 그러한 주장을 굽히지 않는 고집스러운 동반 경기자도 있다. 역학 이론에 따르면 극단적으로 단단한 그린이라도 퍼트하여 처음부터 순 구름 운동을 구현하려면 로프트각이 -17도인 기형적인 퍼터로 수평 퍼터진로를 따라 퍼트하거나 로프트각이 0인 퍼터로 퍼터진로를 22도나 위로 향하여 무리하게 올려치기를 해야 한다.[18]

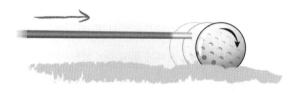

당구채(큐대)로 밀어치기 퍼트하기:
바닥이 비교적 단단한 당구대에서는 당구공의 위쪽을 당구채로 밀어쳐서 미끄럼 없이 전진 방향으로 순회전을 줄 수 있다. 그러나 퍼팅은 당구와 달리 부드러운 잔디에 묻힌 공을 쳐 내야 한다. 이때 순회전을 주기 위해서 당구채로 골프공의 위쪽에 밀어치기를 하면 공이 그린에 더 박힌 후 튀어 오르게 된다. 소위 통통 튀는 퍼팅이 되기 쉽다. 아무리 단단한 그린이라도 마찬가지이다.

18) 이종원, 〈스포츠 역학〉 강의 노트, KAIST, 2015 참조. 15도 음의 로프트각, 15도 올려치기 등으로 설명하고 있으나 명확한 근거를 찾기 어렵다. Frank Thomas and Valerie Melvin, The Fundamentals of Putting, Frankly Golf, 2012 참조.

퍼터의 유효 로프트각이 양(+)이면 타면을 올려치더라도 반드시 역회전이 걸린다.[19] 그렇다면 퍼팅 초기부터 골프공에 순회전을 가하면 어떤 현상이 벌어질까를 설명해보자. 순회전을 주려면 자연 로프트각이 공을 띄우지 못하도록 음(-)이 되어 결국 퍼터로 잔디를 향해 공을 내려칠 수밖에 없다. 이때 공은 순회전을 갖고 잔디 아래쪽으로 발사되지만, 잔디에서 불규칙적으로 튀어 오르면서 방향성이 일관되지 못하고 좌우로 갈팡질팡 움직이게 된다. 극단적으로 타면의 위쪽에 돌기(또는 면도날을 수평으로 장착)가 있는 퍼터를 만들어 퍼트하더라도 이는 역학적으로는 음의 로프트각을 갖는 퍼터로 퍼트하는 것과 다를 바 없다.[20]

결론은 펠즈(Pelz)도 역설한 바와 같이, "퍼팅에서 순회전은 잊어주세요"다.[21] 퍼팅 때 순회전을 주겠다는 어떤 시도도 무모할 뿐 아무 소득이 없다. 착각일 뿐이다. 반면, 공을 퍼팅 초기에 띄우면서도 역회전을 조금 감소시키는 방법으로는 무게중심이 낮은 퍼터를 이용하여 퍼터 무게중심 위로 빗맞게 하여 기어 효과를 증대시키는 방법이 있으나 그 실효성은 작다.[22] 최근 국내는 물론 LPGA 투어 무대에서 대도약을 하는 김효주 선수나 LPGA 투어 최고의 퍼팅 실력을 갖추고 있는 박인비 선수 모두 퍼터 헤드를 낮게 유지하면서 임팩트를 길게 가져가는 느낌으로 퍼트를 한다는 점에 유의해야 한다.[23]

19) D. Pelz, Dave Pelz's Putting Bible, Doubleday, 2000, p.92.
20) 이종원의 역학골프: 각도 알고 타수 줄이기, 좋은땅, 2011, 제2.9절 '골프공에 순회전을 걸 수 있다?' 참조.
21) D. Pelz, Dave Pelz's Putting Bible, Doubleday, 2000, p.94.
22) 10m 퍼팅이라도 초기 역회전 속도가 100rpm으로 드라이버 타구 때 역회전 속도의 5% 미만으로 작다. 제3.6절 '빗맞은 퍼팅 응용(1): 역회전을 줄이는 퍼팅' 참조.
23) 김효주의 퍼팅 원포인트 레슨, 프리미엄 조선, 2014년 11월 13일

설사 당구대처럼 딱딱한 바닥에서 퍼트하더라고 미끄럼 없이 공에 순회전을 주려면 로프트각이 −17도인 퍼터로 수평 진로를 따라 퍼트하거나(왼쪽 그림) 로프트각이 없는 퍼터로 22도 올려치기로 퍼트해야 한다(오른쪽 그림). 모두 무모한 발상이다.

3-6 빗맞은 퍼팅 응용(1): 역회전을 줄이는 퍼팅

　퍼터 설계에서 고려 사항 중 하나는 퍼팅 초기 공의 자중으로 눌린 잔디에서 공이 탈출하는 데 필요한 충분한 **발사각**(launch angle)을 주면서도 최소의 역회전이 걸리도록 해야 한다는 상호 모순적인 요구 사항이다. 퍼터의 로프트각(loft)이 작으면 역회전은 작아지지만[24] 눌린 잔디에서 **빠져나오는** 데 충분한 발사각을 얻지 못한다. 반대로, 퍼터의 로프트각이 크면 눌린 잔디로부터의 탈출은 쉽지만, 역회전 속도가 커져 착지 때 큰 마찰력으로 공 속도가 급격히 감소할 수 있을 뿐 아니라 발사각이 너무 커지면 착지 때 공이 수차례 불규칙적으로 튀어 오를 위험이 있다. 현재 유행하는 표준 퍼터의 최적 로프트각은 2~4도가 보통이며 그린이 빠르고 단단할수록 공의 자중으로 그린 잔디가 눌린 자국의 깊이도 작아지므로 작은 로프트각의 퍼터가 유리해진다.

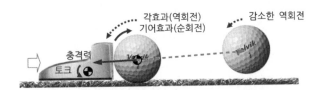

　무게중심이 깊은 망치형 퍼터 타면의 무게중심보다 위쪽으로 퍼트하더라도 여전히 각효과가 기어효과보다 커서 두 효과가 합쳐질 때 정상 타구에 비해 조금 감소하기는 하나 골프공은 여전히 역회전을 갖고 발사된다.

---

24) 퍼팅에서는

(역회전 속도 [rpm])~8x(로프트각,[도])x(클럽 헤드 속도 [m/s])

의 관계가 성립한다. 예를 들어 로프트각 4도의 표준 퍼터를 이용하여 1.5m/s(3m 퍼팅에 해당) 헤드 속도로 타구하면 46rpm의 역회전 속도로 발사된다. 이종원, 골프 역학 역학 골프, 2009, 청문각, 5.3.4절 '그린 운동학' 참조.

퍼터의 로프트각은 그대로 하면서 역회전 속도만 감소시키려면 순회전 효과를 내는 기어 효과로[25] 로프트각에 의한 각효과인 역회전을 조금 상쇄시킬 수 있다. 기어 효과를 내려면 우선 퍼터의 무게중심이 깊어야 하므로 풀잎형 퍼터보다는 망치형 퍼터라야 제대로 효과가 있다. 순회전 효과를 내는 기어 효과를 크게 하려면 퍼터와 공의 타점(충돌점)이 퍼터의 무게중심 위로 이동해야 한다. 드라이버 타구와는 달리 그린 위에서 공의 높이를 조절하기 위한 티의 사용이 금지되어 있으므로 거꾸로 퍼터의 무게중심을 낮추는 수밖에 없다. 그래서 등장한 것이 무게중심을 크게 낮춘 신형 퍼터이다. 즉 무게중심이 낮아진 퍼터의 타면 위쪽으로 빗맞은 타구를 일부러 유도하여 **기어효과**(gear effect)를 내는 발상이다. 이때 기어효과가 타구에 미치는 효과는 순회전 속도가 되며 퍼터의 로프트각과 작지만, 충격력이 퍼터에 작용하는 토크로 퍼터 헤드가 뒤로 젖혀져 생기는 로프트각 증가에 따른 **각 효과**(angle effect)로 발생하는 타구의 역회전 속도를 조금 상쇄시킬 수 있다. 발사 때 공의 회전 속도는 두 효과의 합이 되는데, 보통 로프트각 때문에 생기는 각 효과가 기어효과보다 커서 정상 퍼팅보다 조금 줄지만, 여전히 골프공은 역회전 속도를 갖고 발사된다.[26]

일부러 빗맞은 퍼팅으로 실제 어느 정도의 역회전 감소 효과를 얻을 수 있는지에 대한 구체적인 자료는 아직 없다. 4도 로프트각을 갖는 퍼터로 무게중심 위 6mm(0.25인치) 빗맞은 퍼팅에서 기어효과가 대략 50%로 추정된다.[27]

---

25) 제2.6절 '홈, 밀링, 인서트 영향,' 그림 참조.
26) 이종원, 골프 역학 역학 골프, 청문각, 2009, 제6.3.1절 '클럽 헤드' 참조.
27) 공의 반지름이 21.5mm이고 공의 자중으로 그린 잔디의 최대 눌림이 그린 빠르기에 따라 1~5mm인 점을 고려하면 무게중심이 낮은 퍼터라도 무게중심 위 6mm 빗맞은 거리는 큰 편이다.

3-7 퍼팅 속도와 성공률[*]

퍼팅에서 퍼팅 속도가 퍼팅 거리와 꼭 맞아 떨어지면 공이 홀 가장자리에 겨우 도달하여 잠시 정지하는 듯하다가 중력으로 홀 안에 떨어지는 극적인 상황이 연출된다. 이때 경기자는 물론 관전자들도 짜릿한 쾌감을 느끼기도 한다. 퍼팅 속도가 이보다 느리면 당연히 홀에 미치지 못하여 또다시 퍼트해야 하고 이보다 빠르면 홀에 들어가거나 아니면 홀을 비켜 지나간 후 정지한다. 이런 상황을 두고 "홀에 못 미치면 절대 들어가지 않는다(never up, never in)"는 골프 격언이 생겼다. 실제 경기자의 약 90%는 퍼트한 공이 홀을 멀리 지나쳤을 때 다음 먼 거리 퍼트의 부담 때문에 무의식적으로 홀에 못 미치는 퍼트를 하는 것으로 알려졌다.[28]

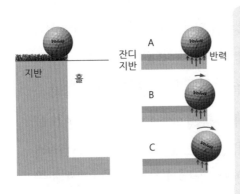

공에 작용하는 잔디의 반력은 잔디가 눌린 정도에 따라서 커진다. 공이 홀 가장자리 근처에 정지할 때 눌린 잔디의 반력 분포가 공 중심에 대해

A. 대칭이면 그대로 정지한다.
B. 비대칭이 약하면 공이 홀 쪽으로 매우 느리게 움직인다(극적 상황 연출).
C. 비대칭이 심하면 공이 홀 안으로 바로 떨어진다.

퍼팅 속도와 성공률의 관계는 어떤가? 퍼팅 속도가 느리면 홀에 들어

---

28) Kit Alexander, The New Way to Putt, Today's Golfer, issue 310, June 2013.

가지는 않지만, 홀에 가까이 붙여서 다음 퍼팅의 성공률을 높이려는 소극적, 방어적 퍼팅이라고 할 수 있다. 반면에 퍼팅 속도가 충분하면서 적당하면 퍼팅 성공의 가능성과 함께 설사 홀을 지나쳐도 다음 퍼팅의 성공률이 높아진다. 하지만, 퍼팅 속도가 너무 빠르면 방향성이 좋아도 홀을 치고 지나치거나 아니면 다음 퍼팅에 부담을 줄 정도의 거리를 지나치게 된다. 이런저런 상황을 종합하면 가장 바람직한 최대 퍼팅 속도는 홀이 없다고 가정했을 때(홀을 비껴갈 때 해당) 공이 홀을 약 45cm(17인치)[29] 지나서 정지할 정도의 속도로 알려졌다.[30]

예전 신지애 선수의 퍼팅을 보면 가까운 퍼팅 거리에서도 유난히 강하게 퍼트하여 공이 홀의 먼 쪽 가장자리를 치고 홀 안으로 떨어져 들어가는 것을 보게 된다. 이는 자신감의 표현이기도 하지만 홀 근처에 공이 도달했을 때 공 속도가 너무 느리면 홀 주위 그린 상태의 예측할 수 없는 변수에 공의 진행 방향이 매우 예민하게 바뀌는 것을 방지하기 위함이다. 특히 프로선수들이 경기하는 골프장과 같이 그린이 단단하여 매우

---

29) D. Pelz, Dave Pelz's Putting Bible, Doubleday, 2000, p.367. 퍼터 길이의 약 반에 해당하는 거리로, 흔히 O.K.(concede) 해주는 손잡이를 제외한 퍼터 샤프트의 길이(대략 23인치)보다 6인치 정도 짧은 거리이다. 스팀프 지수에 따라 달라지지만, 홀을 지날 때의 공 속도 0.85~1.07m/s에 해당하며 이때 골프공 한 개 정도의 조준 오차가 있어도 퍼팅에 성공할 수 있다 (A. R. Penner, The physics of putting, Can J. Physics, Vol. 80, 2002, p.90. 참조). H. A. Templeton, Vector Putting: The Art and Science of Reading Greens and Computing Break, Vector Golf Inc., 1986 에서는 공이 그린 빠르기와 상관없이 평지에서 홀을 12인치(1피트, 약 30cm) 지나칠 수 있는 홀 진입 속도를 최적 공 속도라고 부른다.

30) 9m 퍼팅에서 경기력과 그린 빠르기에 따라 20~40cm를 지나도록 퍼트해야 좋다는 주장도 있다. F. D. Werner and R. C. Greig, How Golf Clubs Really Work and How to Optimize their Design, Origin Inc., Jackson, 2000 참조. 또 9인치(약 23cm) 지나치게 퍼트하는 것이 좋다는 주장도 있다. Kit Alexander, The New Way to Putt, Today's Golfer, issue 310, June 2013 참조.

빠르면 그만큼 퍼팅 속도가 느려야 하므로 미미한 변수에도 예상치 않은 퍼트선 이탈 효과가 더욱 크게 된다. 여기서 홀 주위 불규칙한 그린 상태의 변수로는 잔디 높이 및 밀도, 습도, 결, 경사, 바람, 모래알 등 이물질 분포, 공이나 발자국에 눌린 자국 등 이루 헤아릴 수 없이 많다.

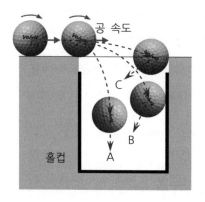

퍼팅에서 공의 최종 홀 진입 속도가
A. 느리면 홀컵 안에서 자유낙하 운동을 한다.
B. 빨라지면 홀컵 뒷면을 치고 떨어진다.
C. 임계치에 이르면 홀 뒤 가장자리를 치고 홀컵 안으로 떨어진다. 임계속도는 대략 공이 홀 뒤 가장자리를 칠 때 공 중심이 지면과 같거나 약간 높을 때의 공 속도이다.

한편 공의 홀 진입 속도가 너무 빠르면 퍼트한 공이 홀 중앙을 향해 가더라도 홀 뒤 가장자리를 치고 지나가 버리기 때문에 마치 홀의 크기가 0일 때의 퍼팅에 해당하므로 퍼팅 성공률이 0이 된다. 홀 진입 속도가 이보다 느리고 홀 가장자리를 향해 퍼트할 때도 홀 한쪽 가장자리를 타고 돌다가 벗어날 수 있으므로 마치 홀의 크기가 실제 홀 크기보다 작은 것처럼 느껴진다. 이를 홀의 유효 크기라고 하는데 물론 홀 가장자리에 걸쳐 정지한 공은 중력에 의해 홀 안으로 떨어지므로 홀 진입 속도가 0일 때의 홀 유효 크기는 실제 크기와 같아지면서 가장 크게 된다.

결론적으로 그림과 같이 홀을 대략 30~45cm(12~17인치) 지나치는 퍼팅은 이보다 느린 퍼팅과 비교해서 유효 홀 크기가 약간 줄어들기는 하지만 대신 그린 상태에 따른 불규칙한 변수가 퍼팅에 미치는 영향이 적어져서 퍼팅 성공률을 극대화하는 최적 퍼팅이 된다.

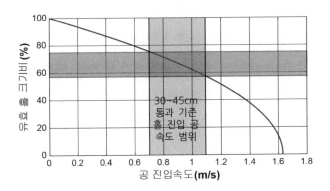

홀 통과 거리 30~45cm 기준으로 공이 홀에 진입하는 최적 공 속도는 대략 0.7~1.1m/s로 홀의 유효 크기는 실제 크기의 약 60~75%이다. 이보다 더 빠르면 홀의 유효 크기가 급격히 작아져 퍼팅 성공률이 떨어지고 너무 빠르면 홀을 너무 지나치게 되어 다음 퍼팅에 부담이 크다. 이보다 더 느리면 홀의 유효 크기는 약간 커지지만 홀 근처에서 퍼트선이 그린 상태에 매우 민감하게 변하고 퍼트선의 휨도 커져 퍼팅 성공률이 떨어진다.

* 역학 원리는 부록에 정리

3-8 홀 주위 환형 둔덕

4인 1조로 경기가 운영되는 18홀 골프장에서는 일일 평균 64팀 이상의 내장객이 경기하게 된다. 물론 필요할 때마다 수시로 그린 관리자가 홀의 위치를 바꾸지만, 가령 하루 오전 오후로 나누어 홀 위치를 바꾼다고 하더라도 특히 오전 경기에서 마지막 경기팀은 전반 9홀은 15팀, 후반 9홀은 31팀의 앞선 경기자가 밟고 지나간 그린 위에서 퍼트하게 된다. 32팀이 참가하는 단체 경기가 있는 날은 홀 위치를 바꾸지 않은 채역시 마지막 경기팀은 전반에는 60명, 후반에는 124명이 밟고 지나간 그린 위에서 퍼트할 수밖에 없다.

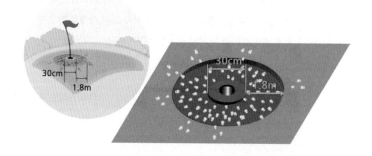

4인 1조 경기에서 매홀 팀당 총 9번 퍼팅 기준으로 500개 이상의 발자국을 그린에 남기게 되는 데 홀 주변 반지름 약 15cm를 제외한 반지름 약 2m 원 안에 발자국이 집중된다[Pelz, 2000]. 새벽이슬에 살짝 젖은 그린에서 경기할 때 앞선 경기자들이 그린 위에 남긴 공이 굴러간 퍼트선과 함께 발자국의 분포를 볼 수 있다. (그림 축척 무시)

4인 1조 한 팀이 그린에서 머무는 시간은 대략 5분이지만 그린 위에 남기는 평균 발자국 수는 약 500개로 알려졌다. 따라서 심하면 30팀 이상이 남긴 15,000개의 발자국으로 눌러진 그린에서 퍼트하게 된다.

그린에서 경기자의 발자국 패턴은 경기자의 경기 습관에 따라 차이가 나지만 공통으로 나타나는 현상은,[31]

- 홀에서 먼 그린에는 발자국이 듬성듬성 나게 된다.

- 홀 근처로 올수록 홀 주위 발자국 수가 급격히 증가하며 홀 안으로 들어간 공을 집기 위해서 경기자가 홀 가까이 접근하므로 홀 주위에 홀 방향으로 단단한 발자국이 많이 남겨진다. 특히 발자국이 집중되는 홀 주위 반시름 약 2m인 원 인의 잔디가 많이 눌린다.

- 홀 위를 직접 밟는 경기자는 없으므로 홀 주위 반지름 15cm인 원 안(홀 반지름의 3배인 원으로 홀보다 8배 면적)의 잔디는 전혀 눌리지 않아 홀 주위에 환(環)형 둔덕(lumpy donut)을 남긴다. 또 환형 둔덕은 홀컵(cup liner)을 묻는 과정에서 홀 가장자리 주위의 흙이 조금 들려 나오면서 생길 수도 있다.[32]

물론 한번 밟힌 잔디라도 시간이 지나면 원래 상태로 회복되지만, 주간에는 홀 위치를 수시로 바꾸지 않으면 밟힌 잔디가 원상 복구되기보다는 계속 밟혀서 눌리는 정도가 심해진다. 따라서 앞선 경기자들의 발자

31) D. Pelz, Dave Pelz's Putting Bible, Doubleday, 2000, p.19-21.
32) 오츠키 요시히코, 골프는 과학이다2: 어프로치와 퍼팅의 비법, 아르고나인, 2012, p.155.

국 패턴으로 홀 주위 먼 쪽 잔디 지역은 단단히 눌리고, 홀 가까운 반지름 약 15cm인 원의 안쪽, 즉 환형 둔덕은 전혀 밟히지 않아 주변보다 조금 솟아오른 잔디 고리가 형성되게 되므로, 환형 둔덕을 통과하는 속도가 느린 공은 둔덕을 넘지 못하고 홀 바깥으로 밀려나게 되어 퍼팅 성공률이 떨어지는 원인이 된다. 국내 오래된 골프장에서는 아직도 우 그린, 좌 그린으로 불리는 두 개의 작은 그린을 운영하고 있는데 각개 그린 면적이 뜻밖에 작아서 경기자 발자국으로 조성된 홀 주위 환형 둔덕이 더욱 선명해진다. 반면 새로 신설된 골프장의 그린은 갈수록 넓어지는 경향이 있고 또 경기자의 발자국으로 그린의 특정 부위가 집중적으로 손상되는 것을 막기 위해 수시로 홀의 위치를 바꾸면 경기자 발자국으로 홀 주위에 선명한 환형 둔덕이 생기기 어렵다.

홀 주위에 환형 둔덕이 형성되는 상황에서 퍼팅 성공률을 높이려면 가까운 거리의 퍼팅이라도 공이 홀을 충분히 지나갈 수 있는 속도로 퍼트해야 홀 주위에 형성된 솟아오른 환형 둔덕을 공이 타고 넘어 올라가 홀에 들어갈 수 있다.

홀 위치를 매일 한 번만 바꾼다면 잔디의 종류나 생육 조건에 따라 일정하지는 않지만 온종일 밟힌 그린 잔디가 회복하는 데 걸리는 시간은 최소 2주(14일)이고 홀에서 반지름이 약 2.4m인 원(면적 약 18m²) 안쪽의 잔디가 주로 밟히게 되므로 잔디의 정상 생육에 필요한 최소 홀 설치 위치 14곳의 총면적은 250m²(약 77평)가 된다. 홀 위치는 프린지 바깥 그린 경계에서 4.5m 떨어져야 하고 프린지 안쪽 경계로부터는 3m 정도 여유를 두어야 하므로 홀을 설치하지 못하는 여유 둘레 면적이 200m²로 총 450m²(약 136평)의 그린 면적이 필요하다는 간단한 계산이 나온다.[33] 이 면적은 하루에 여러 번 홀 위치를 바꾸어도 마찬가지가 되며 이보다 작은 그린에서는 통풍 작업 등 잔디 생육을 촉진하는 그린 관리를 더 자주 해 주어야 그린 상태를 제대로 유지할 수 있다.

33) Jerry Lemons, Putting Green Speeds, Slopes, and Non-conforming Hole Locations, USGA Green Section Record, July/August 2008

경사 읽기(1): 눈대중법*

그린에 놓인 공과 홀을 잇는 직선을 공-홀선(ball-hole line)이라고 한다. 이 공-홀선 주변 그린이 평탄하지 않고 옆으로 기울어져 있으면 그린 경사는 물론 그린 빠르기와 퍼팅 속도에 따라 휘어지는 퍼트선(putt line)을 정확히 예측하기는 쉽지 않다. 그린 경사를 읽기 위해 가장 먼저 해야 할 일은 홀을 중심으로 가장 높은 지대 즉 홀로부터 경사가 가장 가파른 방향인 낙하선(fall line, zero break line)을 찾는 일이다. 낙하선 위에서는 퍼트한 공이 홀을 향해 휘지 않고 직선으로 구르게 되는데 산악지대에 많이 건설된 우리나라 골프장에서는 그린에서 가장 높은 지역은 대개 산 쪽에 있으므로 비교적 낙하선을 추정하기 쉬운 편이고 또 경기 도우미의 도움을 받아 비교적 정확히 낙하선을 찾을 수도 있다.

또 한 가지 방법은 그린에 올라가기 전 배수구의 위치를 확인하는 것이다. 그린은 우천시 배수가 잘되도록 반드시 경사지게 설계하며 당연히 가장 낮은 쪽에 배수구를 설치한다. 경기 도우미 없이 경기하더라도 주로 홀을 기준으로 경사 낮은 쪽 그린에서 높은 쪽을 바라보면 대략 낙하선의 방향을 가늠할 수 있다. 흔히 추천하는 방법으로는 홀을 기준으로 그린의 경사 높은 쪽에서 양동이에 담은 물을 쏟아부었을 때 물이 어느 방향으로 흐르나를 상상하는 것이다. 이때 그린 주변 지형 때문에 생기는 경사 착시 현상을 차단하기 위해서 공 속도가 가장 느려져서 공의 운동이 영향을 가장 많이 받는 홀 주위의 경사를 그린 주변 지형과 격리해서 읽도록 노력해야 한다.

그린의 경사도를 추정하는 방법으로는 **눈대중법**(eye estimation), **다림추법**(plumb bobbing), **발바닥 압력법**(feet read method)과 **무릎 돌출법**(knee pop method) 등이 있다.

USGA의 규정에 따르면 공식 경기에서의 홀 위치는 프린지 경계에서 최소 3m 떨어져야 하고 반지름이 60~90cm인 원 안쪽 홀 주위에서는 경사가 비교적 일정할 것을 추천하고 있다.[34] 그린 경사가 너무 급하면 공이 정지하지 못하고 계속 굴러내려 가게 되는데 그 **한계 경사각**(limiting angle of repose)은 그린이 빠를수록 작아진다. 그린을 설계하고 공사할 때 배수를 원활히 하기 위해서 전체 그린 경사도를 최소 1~2% 주어야 하므로 전체적으로 평탄한 그린은 없고 국부적으로 움푹 들어간 그린도 없다. 2단 3단 등 다단 그린의 경계에서는 부분적으로 한계 경사각보다 큰 경사면을 갖기도 하지만 USGA에서는 적어도 홀 주위에서는 경사각이 한계 경사각의 절반 이하가 되도록 아래 표와 같이 추천하고 있다.[35] 예를 들어 그린 빠르기가 보통인 스팀프 8의 그린에서는 경사각 4.7도 이상인 경사면에서는 공을 세울 수가 없으므로 공식 경기에서는 경사각이 3도 이하인 곳에 홀을 설치하게 된다.

---

34) USGA Rule 32-b 참조. 반지름이 60~90cm인 원판(disk)이 한쪽으로 기울어진 형상을 상상하면 된다.

35) H. A. Templeton, Vector Putting: The Art and Science of Reading Greens and Computing Break, Vector Golf Inc., 1986, p.33.

그린 한계 경사도와 홀 위치 최대 추천 경사도		
그린 빠르기(스팀프)	한계 경사도(각)	추천 경사도(각)
6	11.2%(6.4°)	8.1%(4.6°)
7	9.6%(5.5°)	6.5%(3.7°)
8	**8.2%(4.7°)**	**5.3%(3.0°)**
9	7.3%(4.2°)	4.4%(2.5°)
10	6.6%(3.8°)	3.7%(2.1°)
11	5.9%(3.4°)	3.0%(1.7°)

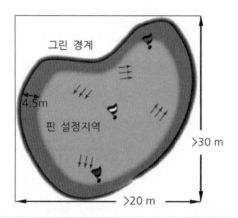

그린도 각각 개성이 있어 경사나 모양뿐 아니라 크기도 다르지만 추구하는 설계 목표는 비슷하다. 그린 크기만을 보더라도 깃대의 위치가 프린지 바깥 그린 경계로부터 최소 4.5m(프린지 경계에서 3m) 떨어져야 하고 공략하는 방향에 따라 다르긴 하지만 대체로 가운데 깃대에서 앞 깃대와 뒤 깃대까지의 거리가 아이언 한 클럽 거리인 9~10m 이상이 되려면 전후 깊이는 30m 이상, 좌우 폭은 20m 이상이 된다. 그린의 면적은 대략 400㎡(120평) 이상이다.

전통적으로 그린의 경사를 추정하는 가장 간단한 방법은 눈대중법이다. 미국에서는 골프장마다 그린의 면적이 각기 다르지만, 평균 140~170평(5,000~6,000ft²) 정도로 알려졌는데 원형이나 타원형 그린이 대부분이므로 가로세로 길이 각각 20~35m가 보통이다. 홀 설치 위치는 프린지 바깥 그린 경계로부터 최소 4.5m(프린지 안쪽 경계에서 3m) 떨어져야 한다는 USGA 추천사항과 앞 깃대-가운데 깃대-뒤 깃대 거리가 각각 아이언 한 클럽 비거리 차이인 9~10m인 점을 고려하면 자연 그린의 앞뒤 거리는 30m 이상이라는 계산이 나온다. 다단 그린이나 소위 구겨진 그린처럼 경사 변화가 복잡하면 알기 어렵지만, 경사 변화가 크지 않다면 낙하선 위의 경사 가장 낮은 그린 경계(A)에서 자연스럽게 쪼그려 앉아(이때 눈높이는 대략 75cm로 그린에 올려놓은 퍼터를 쥔 손 높이에 해당한다[36]) 깃대(B)를 통해서 낙하선 위의 경사 가장 높은 그린 경계(C)를 바라볼 때 C점이 눈높이와 비슷하다면 전체 그린은 대략 0.75/30=2.5%의 평균 경사도를 갖게 된다. C점이 눈높이보다 낮거나 높게 보이면 이를 경사도 계산에 반영해서 적절히 추정하면 된다. 좀 더 정확하려면 낙하선인 ABC를 잇는 직선거리를 자연스러운 보폭으로 걸어서 AC의 거리를 실제로 측정할 수도 있다. 이때 보폭을 75cm로 환산하면 거리 측정이 비교적 정확하다.

~75cm
(보폭)

퍼터를 쥐고 쪼그리고 앉아 홀을 조준할 때 눈높이는 지면에서 보폭 거리인 약 75cm가 된다.

---

36) 표준형 남성 퍼터 길이가 보통 34~35인치이고 퍼터를 쥐고 쪼그리고 앉았을 때 손을 잡는 위치가 손잡이(grib) 끝에서 5인치 정도이므로 퍼터 헤드로부터 손잡이를 쥔 손까지의 거리는 29~30인치로 74~76cm가 된다. 이때 눈높이는 손잡이를 잡은 손 높이와 비슷하다.

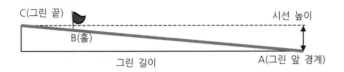

C(그린 끝)　　　　　　　　　　　　　　　　시선 높이

B(홀)

그린 길이　　　　　　　　　　A(그린 앞 경계)

그린 경사도는 낙하선 위에서 본 (시선 높이)/(그린 길이)에 100을 곱해서 %로 읽는다. 예로 그린 길이가 30m이고 시선 높이가 60cm이면 그린 평균 경사도는 2%가 된다.

눈대중으로 경사를 읽을 때 주의할 점은 주변 경사에 따른 착시현상이다.[37] 평지가 귀하고 산지가 많은 우리나라에서는 보통 산을 깎고 다듬어 건설하는 골프장이 많아서 주변 산 쪽으로부터 페어웨이나 그린이 아래로 기울어져 있다. 특히 제주도에 가면 경사 대부분이 한라산 정상에서 바다 쪽으로 흘러내려 가기 때문에 경사 착시가 심해서 퍼트선의 휜 정도나 심지어는 휜 방향을 제대로 읽는 데 어려움을 겪기 때문에 매번 한라산 정상이 어느 쪽인지 바다 쪽이 어디인지 확인해야 한다.

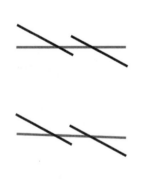

경사 착시:
그림에서 한 개의 수평선은 공이 놓인 지면을, 두 개의 사선은 깎아낸 주변 산지의 경사를 나타낸다.
(위 그림) 실제로는 수평인 지면이 주변 경사 때문에 오른쪽이 높은 것으로 보인다.
(아래 그림) 실제로는 오른쪽으로 2도 낮게 기울어진 지면이 주변 경사 때문에 수평면처럼 착시 된다.

---

37) 이종원, 이종원의 역학골프: 각도 알고 타수 줄이기, 좋은땅, 2011, 제7.7절, '슬라이스 홀?' 참조.

그런데 여기서 주의해야 할 점이 또 있다. 우선 홀 주위의 경사를 읽을 때 주변 산세나 전체 그린의 높낮이 등 주변 지형에 현혹되지 말고 골프 모자 채양을 양손으로 가리는 등 철저히 공-홀선 주변 그린에만 집중하여 절대 수평면에 대한 경사를 판단하되 빨리 결정해야 한다. 같은 경사를 1분 이상 오래 집중해서 관찰하면 경사에 익숙해져 점점 수평으로 착각하게 된다.[38]

경사를 읽을 때 공 쪽에서 홀을 보는 것과 홀의 공 반대편에서 홀과 공을 거꾸로 보는 것과의 장단점에 대한 논의도 많다. 경사는 아래쪽에서 위쪽을 올려다볼 때 정확하다는 주장과 경사와 관계없이 홀의 공 반대편에서 보아야 더 가까이 보이는 홀 주위의 경사를 좀 더 잘 볼 수 있다는 주장이[39] 팽팽히 맞서고 있다.

홀 주위의 경사를 읽는 방법으로 홀 안쪽에 홀컵(cup liner) 위로 드러난 흙을 살피는 방법이 있다. 홀을 설치할 때 규정상 홀컵을 지표면으로부터 되도록 수직으로 25mm 이상 깊이로 묻어야 하는데, 홀컵을 지면이 아닌 수평면에 수직으로 묻게 되면 지면과 홀컵 사이에 잘려져 드러난 흙의 두께가 원주 방향으로 일정치 않게 된다. 이론적으로는 가장 깊은 쪽과 반대편의 얕은 쪽을 잇는 선이 낙하선이 되고 홀의 지름이 108mm 이므로 대략 잘린 양쪽 흙 높이 차이 1mm당 경사도 1%로 읽으면 된다. 문제는 USGA에서 그린 경사와 관계없이 홀컵과 깃대를 수평면에 수직

---

38) 이를 학술용어로 경사 적응(tilt adaptation and normalization)이라고 부른다.

39) H. A. Templeton, Vector Putting: The Art and Science of Reading Greens and Computing Break, Vector Golf Inc., 1986, p.81.

으로 설치하도록 권장하고는 있지만, 현실적으로 그린 관리자의 경사 판단 능력과 설치 공구 및 작업의 정밀성과 일관성에 대한 한계 때문에 홀컵 또는 깃대의 수직 여부를 판단하기도 신뢰하기도 어렵다.

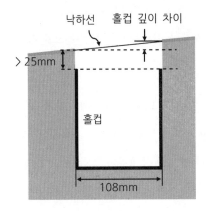

낙하선　홀컵 깊이 차이

>25mm

홀컵

108mm

홀컵은 지면에 돌출되지 않도록 묻으므로 경사면에 있는 홀에서는 낙하선 위쪽과 아래쪽에서 지면으로부터 홀컵까지의 깊이 차이가 가장 크게 된다. 이때 홀컵 깊이 차이 1mm마다 경사도 1%로 읽을 수 있지만, 홀컵이 수직으로 묻힐 때만 유효하다.

잘 조성된 잔디 축구장이나 골프장 페어웨이 잔디가 색깔이 다른 긴 띠 모양의 모자이크처럼 멋있게 보이는 이유는 풀 깎는 기계가 지나간 방향으로 누운 잔디의 결(grain) 방향에 따라 햇빛이 반사하는 정도에 차이가 나기 때문이다. 그린도 마찬가지로 잔디를 깎거나 눌러주어 관리하다 보면 잔디가 한쪽으로 누워 결이 생길 수 있다. 또 잔디는 생장하면서 해가 있는 쪽이나 바람이 부는 쪽이나 물가 쪽으로 누우려는 성향도 있어 잔디 결의 방향을 찾는 일이 그리 쉽지 않다. 흔히 하는 방법으로는 홀 주위를 돌며 홀 쪽을 바라볼 때 잔디색이 가장 짙고 어둡게 보이는 역결이나 반대로 가장 연하고 밝게 보이는 순결 방향을 찾아 잔디 결 방향을 찾는 것이다.[40] 또 다른 방법으로는 홀컵 주위 안쪽으로 드러난 잔디가

---

40) 순결(역결)은 공이 구르는 방향(반대 방향)으로 누워 있는 잔디.

홀 바깥쪽으로 자라 깔끔하게 보이는 쪽이 순결, 홀 안쪽으로 자라 조금 지저분하게 보이는 쪽이 역결 방향이다. 빠른 그린이라 잔디가 너무 짧아 결 구분이 잘 안 되면 풀이 조금 더 긴 프린지에 자라는 풀이 누운 방향으로 그린 전체의 잔디 결을 찾아도 도움이 된다. 홀 주위 잔디 결은 홀 주위 경사의 낙하선과 역할이 비슷하여 잔디 순결 방향으로 가상 내리막 경사가 있는 것처럼 생각하고 퍼트하면 된다. 공-홀선이 순결이면 순수 내리막, 역결이면 순수 오르막 경사처럼 직선 퍼트선을 따라 퍼팅 속도를 조절해서 퍼트해야 하고, 잔디 결에 직각 방향이면 순수 횡경사에서의 퍼팅처럼 퍼트선이 휘게 된다. 다만, 잔디 결을 어느 정도의 경사도로 환산해야 하는가는 아직 숙제로 남아있다.

잔디 결처럼 평평한 그린에서도 퍼트선을 휘게 하는 다른 요인으로 바람이 있다. 특히 내리막 쪽으로 돌풍이 불 때의 퍼트선 예측이 가장 어렵다. 그러나 웬만한 풍속의 바람은 퍼트선에 영향을 주기 어렵고 강풍 속에서는 퍼트선 읽기보다는 퍼팅 자세를 제대로 가누기 더 어렵다. 경기자 대부분은 바람이 퍼트선에 미치는 영향에 대해 뜻밖에 과민한 편이다. 퍼팅 자세를 잡기조차 힘들 정도의 강풍이라도 유체역학 분야에서 잘 알려진 경계층 이론에 따르면 바람의 속도가 공이 놓인 그린 표면에서는 0이고 일정 경계층 높이가 될 때까지 증가하여 경기자가 느끼는 풍속에 도달하는 속도 분포를 보인다. 따라서 그린 표면에 놓인 골프공에 실제 미치는 바람의 영향은 경기자가 우려하는 것보다 훨씬 작다. 몸으로 느끼거나 눈에 보이는 바람의 영향보다는 그린에 떨어진 작은 낙엽 조각이나 지푸라기가 어떻게 날리는가를 관찰하여 공의 운동에 미치는 바람의 영향을 가늠해야 한다. 결론적으로 바람이 부는 방향으로 가상 내리막 경사가 있는 것처럼 퍼트하면 되지만 퍼트선에 미치는 바람의 영향을 어느 정도의 경사로 환산해야 하는가는 알려진 바 없다.

* 역학 원리는 부록에 정리

기다란 실 끝에 원추형 다림추를 거
꾸로 매달면 다림추의 뾰족한 끝이 중력
방향, 즉 수직을 가리키게 된다. 다림추
는 측량기에서 기준으로 필요한 절대 수
직을 제공하는 간단한 장치이며 이 원리
를 이용한 퍼팅 그린의 경사 측정 방법
은 대략 두 가지가 있는데 두 방법 모두
퍼터 중에서는 타면 균형형 퍼터만[41] 해
당한다.

다림추를 이용한 간단한 경사계의 예.
https://ko.wikipedia.org/wiki/

한 가지는 우선 공 위치에서 홀을 바라보고 공-홀선에서 양발을 어깨
너비로 벌리고 두 무릎을 편 채 경사면에 나란히 몸을 기울여 선다. 그런
후 타면 균형형 퍼터 헤드를 아래로 늘어뜨린 상태에서 타면이 홀을 향
하도록 퍼터의 손잡이 끝을 두 손가락(보통 엄지와 검지)으로 가볍게 쥐고
가슴 가운데로 가져가면 무거운 퍼터 헤드가 다림추가 되어 골반 좌우로
치우치는 거리를 보고 경사를 읽는 방법이다. 그림에 보인 다림추를 이
용한 경사계의 원리와 같다.

다른 한 가지는 호주의 유명한 LPGA 투어 노장 선수인 카리 웹(Karrie

---

41) 제2.10절 '퍼터 맞춤(3): 각도' 참조.

Webb) 때문에 새삼 주목을 받았던 경사 추정 방법으로, 타면이 홀을 향하도록 퍼터 손잡이 바로 아래쪽 샤프트 부분을 두 손가락만으로 가볍게 잡아 눈높이까지 올려 샤프트가 그리는 수직선을 기준으로 지면의 경사를 읽는 것인데, 전문가들 사이에서는 다림추법의 실용성과 정확성에 대해 대체로 부정적인 시각이 많다.[42]

홀컵

경사면

홀에서 떨어진 지점에서 경사면 위의 홀을 바라보면 홀이 옆으로 누운 타원으로 보인다. 수직으로 내려뜨려진 타면 균형형 퍼터 샤프트로 홀의 중앙을 가른 후 보이는 오른쪽 타원 조각과 왼쪽 타원 조각의 높이 차이로 경사도를 가늠한다. 양쪽 타원 조각의 높이가 같으면 즉 타원이 정확히 수평으로 누워있으면 수평 그린이 된다. 그림에서는 오른쪽이 왼쪽보다 높은 경사 그린을 예시한다.

발바닥 압력법을 이용한 경사 읽기 단계는 이렇다. 일단 낙하선을 찾게 되면 홀 경사 낮은 쪽 낙하선 위의 홀을 올려다보는 위치에서 양발을 모으고 눈을 감고 똑바로 서서 발바닥에 느껴지는 압력점의 위치를 감지한다. 이때 발바닥을 네 부분으로 나누어 압력점이 발끝 쪽에 있으면 1%(약 0.5도[43]), 발등 밑이면 2%(약 1도), 아치 쪽이면 3%(약 1.5도), 발뒤꿈치

---

42) 이 외에도 다림추법의 여러가지 변형과 해석이 있지만 대부분 설득력이 떨어진다.

43) 경사도 1%는 수평거리 100에 대해서 수직거리 1 비례(예를 들어 퍼팅 거리 1m에서 표고 차이가 1cm인 경사도)의 경사도이다. 환산 경사각은 0.573도로 0.5도보다는 조금 크지만 기억하기 쉽게 0.5도로 표시했다.

쪽이면 4%(약 2도)의 경사도로 읽는다.[44] 보통 그린의 배수를 원활히 하려면 최소 1도 정도의 경사를 주게 되는 한편 매우 빠른 그린에서는 경사가 3도 이상이면 공을 멈추기 매우 어렵고 4도 이상이면 공이 계속 구르게 되므로 대략 경사가 있는 홀 주위 그린의 경사각이 1~2.25도가[45] 보통이나 산악지대가 많은 국내에서는 이보다 약간 경사가 급한 그린이 많다. 스팀프 9인 그린에서는 경사각 5도 이상인 지역은 매우 급한 경사로 공이 그린 위에 정지할 수 없다. 참고로 USGA는 공식 경기에서의 홀 근처 경사에 대해서도 규제를 하고 있다.[46] 한편, 경사면의 경사각이 1도 미만이면 수평면과 구분해서 맨눈으로 인지하기 그리 쉬운 일이 아니다. 부분적으로 그린 경사가 급한 지역이 있어 공이 정지하지 않고 계속 굴러간다 하더라도 그 부근의 경사각은 그린 빠르기에 따라 4~6도로 생각보다는 그리 크지 않다. 보통 우리가 느끼는 경사각은 상당히 과장되어 있음을 알 수 있다. 예를 들어 까마득하게 내리막으로 펼쳐진 페어웨이를 보고 그 급한 경사에 압도되는 때가 있지만 뜻밖에 경사각은 10도가 안 되는 때가 허다하다.

---

44) Kit Alexander, The New Way to Putt, Today's Golfer, issue 310, June 2013.

45) 스팀프 지수 10 기준. http://www.better-golf-by-putting-better.com/green-reading.html 참조

46) Jerry Lemons, Putting Speeds, Slopes, and Non-Conforming Hole Locations, USGA Green Section Records, July/August, 2008.

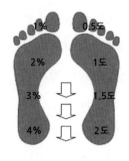

발바닥 압력법: 오르막 경사 낙하선 위에서 홀을 향해 눈을 감고 양발을 모으고 똑바로 섰을 때 발바닥에 느껴지는 압력점의 위치에 따라 경사각을 추정할 수 있다. 예를 들어 발가락 쪽에 압력이 크게 걸리면 경사도 1%, 뒤꿈치에 걸리면 4%로 읽는 방법이다. 개인적인 편차가 있으므로 개인에 따라 보정이 필요하다. 각도 환산은 편의상 1도=2%(실제는 1도=1.75%)로 단순화했다.

최근 LPGA 투어 선수인 리디아 고(Lydia Ko)가 유행시킨 **무릎 돌출법**을 설명하면 다음과 같다. 낙하선을 중심으로 양발을 모으고 서는 발바닥 압력법과는 달리, 무릎 돌출법은 공-홀선 좌우로 양발을 어깨너비로 벌리고 서서 공-홀선 좌우 횡경사를 읽는 방법이다. 경사 낮은 쪽 다리의 무릎을 편 상태에서 체중을 이동한 후 경사 높은 쪽 발은 지면에 그대로 두고 무릎만 자연스럽게 경사 낮은 발 쪽으로 구부린다. 이때 좌우 경사가 가파를수록 경사 높은 쪽 무릎이 앞으로 돌출하면서 골프화를 내려다보는 시야를 가리는 정도가 커지며 이로부터 공-홀선 기준으로 좌우 횡경사를 읽을 수 있게 된다.

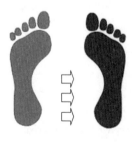

낙하선 위에서의 경사 추정 방법과 달리 공-홀선 좌우에 양발을 어깨너비로 벌리고 서서 양발에 느껴지는 압력 차이를 가늠하여 공-홀선 기준 횡경사를 직접 추정하는 방법이 조준점 퍼팅에서 종종 사용된다. 경사 낮은 쪽 발에 체중을 이동하였을 때 경사 높은 쪽 다리의 무릎이 굽혀지는 정도로 횡경사도를 확인하기도 한다. 그림에서는 오른발이 경사 낮은 쪽에 있다.

8 %
7
6
5
4
3
2
1

무릎 돌출법:

굽혀진 쪽(경사 높은 쪽) 무릎을 똑바로 서서 내려다보았을 때 무릎이 시야를 가리는 신발 끈 매듭의 위치에 따라 횡경사도(%)를 읽는 방법으로 조준점 퍼팅에서는 앞으로 뻗은 손가락 개수와 일치한다. 예를 들어 신발 끈이 모두 가리면 4%, 구두코가 가리면 8%라고 하는 식이다. 신발의 종류와 내려다보는 방법에 따라 개인차가 크므로 적용하기 전 보정이 필요하다.

실제 그린 경사 읽기의 감을 익히기 위해서 그린 경사 측정기를 활용할 수 있다. 물론 공식 경기에서는 사용할 수 없고 친선 경기 중 사용하려면 동반자의 양해를 구해야 하지만 연습 그린에서는 편하게 사용할 수 있다. 공기 방울의 위치로 경사를 가늠하거나 디지털로 경사각을 표시해 주는 볼 마크 형태의 경사 측정기는 편리하기는 하나 일반 볼 마크보다 눈에 띄게 크고 푹신푹신한 그린 잔디 위에 떠 있다 보면 실제 경사 측정에 일관성이 떨어지는 단점이 있다. 원리는 같지만 홀 크기보다 조금 크고 넓적한 경사계는 휴대하기 불편하나 낙하선 확인 및 경사의 안정적인 측정에 유리하다.

다양한 휴대용 그린 경사 측정기

3-11 내리막 퍼팅 성공률이 더 높다?*

우리의 상식과는 달리 이론적으로는 내리막 퍼팅의 성공률이 오르막 퍼팅의 성공률보다 높다.[47] 그 이유는 내리막 경사에서는 실수로 퍼팅 방향이 낙하선에서 조금 벗어나더라도 실제 퍼트선이 최적 퍼트선인 낙하선 쪽으로 수렴(접근)하지만, 오르막 경사에서는 반대로 발산(이탈)하기 때문이다. 보통 선수들이 내리막 퍼팅보다 오르막 퍼팅을 선호하는 이유는 퍼팅의 성공률이 높아서가 아니고 실패했을 때 마무리 퍼트에 대한 부담이 크기 때문이다. 통계에 따르면 프로 선수들이 그린에 공을 올린 후 최초 퍼팅 때 내리막 경사 퍼팅에서의 성공률이 오르막 경사보다 높은 것으로 나타난다.

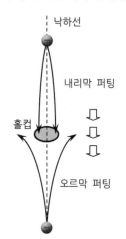

같은 퍼팅 거리에서 오르막 퍼팅과 내리막 퍼팅 모두 홀컵 가장자리를 잘못 조준하고 퍼트했을 때 휘는 퍼트선을 과장해서 그렸다. 중력이 낙하선 방향으로 작용하므로 내리막 퍼팅이 오르막 퍼팅보다 방향성이 좋아진다. 하지만 거리 조정이 어렵다.

그 이유 중 다른 하나는 내리막 경사퍼팅에서 공이 홀을 지나칠 확률이 오르막 경사보다 훨씬 높기 때문이다. 대신, 내리막 경사에서 퍼트한 공은 자

---

47) D. Pelz, Dave Pelz's Putting Bible, Doubleday, 2000, p.22, p.367. A. R. Penner, The physics of golf, Can. J. Phys. 80, 2002, p.83~96.

첫 홀을 지나치는 거리도 훨씬 길어질 수 있기 때문에 3퍼트의 위험이 크게 된다. 스토로크 경기가 아닌 매 홀 승부를 가리는 매치 경기에서는 내리막 경사 퍼팅 위치에 공을 올려놓는 작전이 유리할 수 있다. 발상의 전환이다.

오르막 경사에서 퍼트한 공이 홀에 못 미치면 공이 정지하기 직전, 즉 공 속도가 매우 느려질 때 퍼트선이 좌우로 급하게 구부러지며 공이 홀에서 멀어져 정지한다. 한편 오르막 퍼팅과 비교해서 같은 퍼팅 거리의 내리막 퍼팅에서는 줄곧 공 속도가 더 느려서 퍼트선 주변의 그린 상태가 매우 불규칙하면 이에 민감하게 공이 반응할 수 있어 공 진행 방향이 불규칙하게 변할 수 있다. 특히 내리막 경사에서 공이 가장 느린 속도로 겨우 홀에 다가가 홀 안으로 떨어지는 아슬아슬한 중력 퍼팅을 시도하면 공의 방향성이 나빠져 홀을 놓칠 가능성이 크다. 잔디 통풍 작업(aeration)이나 모래 뿌리기 등으로 그린 상태가 좋지 않을 때 심한 내리막 경사에서 퍼트한 공이 뒤뚱거리며 예상과 다른 방향으로 내려가는 것도 공 속도가 너무 느린 까닭이다. 따라서 가장 안정적인 퍼팅 방법은 오르막이든 내리막이든 퍼트한 공이 홀을 30~45cm 지나친다는 생각으로 과감하게 퍼트하는 것이다.

경사면 퍼팅에서 내리막 경사면에서의 중력을 이용하기 위해서 홀 위치보다 상당히 경사 높은 쪽으로 약하게 퍼트하는 방법과 홀 방향 약간 경사 높은 쪽으로 강하게 퍼트하여 직접 홀을 공략하는 방법[48]이 있을 수 있는데 이론적으로 성공률은 전자가 높다.[49]

* 역학 원리는 부록에 정리

48) 제3.16절 '정점을 지난 후 퍼트선이 심하게 휘는 이유' 참조.
49) A. R. Penner, The Physics of Putting, Can. J. Phys., Vol. 80, 2002, pp.83-96.

3-12 경사면 퍼팅에서 조준법[*]

경사면 퍼팅이 어려운 이유는 퍼트선(putt line)이 휘기 때문이다. 퍼트한 공이 구르다가 결국 멈추는 원인은[50] 물론 공과 풀 사이의 마찰 저항 때문이지만, 경사면에서 퍼트선이 휘는 원인은 중력 때문이다.[51] 공의 진행 방향과 관계없이 중력은 늘 경사면 낮은 쪽으로 공을 굴려 내리려는 속성을 가지며 경사가 급할수록 커진다. 그렇다고 중력이 늘 퍼트선을 휘게 하지는 않는다. 예외로 낙하선 위의 오르막 또는 내리막 직선 퍼팅에서 퍼트선은 이론적으로는 곡선이 아닌 직선이 된다.

전문용어로 퍼트선을 휘게 하는 중력 효과를 **자이로 모멘트에 의한 세차운동**(gyroscopic precession), 또는 **자이로 효과**(gyroscopic moment effect)라고 한다.[52] 중력으로 넘어질 팽이의 회전축이 넘어지는 대신 수직축 주위를 맴도는 현상이 대표적인 세차운동 예이다. 퍼팅에서의 세차운동이란 경사면에서 회전하며 직진하려는 공에 작용하는 중력에 의한 모멘트(공을 경사 낮은 쪽으로 구르게 하는 원인)로 공이 직진하지 못하고 낙하선 경사 낮은 쪽으로 진행 방향을 트는 운동으로, 경사가 급하면 자연 중력에 의한

---

50) 한계 경사각보다 경사각이 큰 급한 경사면에서는 공 속도가 점점 빨라진다. 제3.9절 '경사 읽기(1): 눈대중법' 참조.
51) 주로 경사면에서 중력의 영향으로 퍼트선이 휘지만, 평지에서도 무게중심이 편심된 공의 퍼트선도 중력으로 휠 수 있다. 이 역시 자이로 모멘트에 의한 세차운동으로 설명된다. 제3.19절 '골프공의 편심' 참조.
52) 제3.19절 '골프공의 편심' 참조.

모멘트가 커지므로 세차운동도 커져 퍼트선이 더 휘게 된다. 같은 경사에서 공 속도가 느려져도 세차운동이 빨라져 퍼트선의 휨이 커진다. 이는 자전거의 조향 안정성(직진성)이 자전거 속도가 빠르면 좋아지고 느리면 나빠지는 현상과 같다. 연습장 골프공처럼 굵은 띠가 그려져 있는 골프공을 경사면에서 조준선 방향으로 정렬하고 퍼트하면 세차운동으로 곡선 퍼트선을 따라 띠의 진행 방향이 같이 변하게 되어 마치 경사면에서 굴렁쇠(골프공의 띠)가 퍼트선을 따라 잘 굴러가는 것처럼 보인다. 벨로드롬(Velodrome)에서의 자전거 타기를 연상하면 경사면 퍼팅에서의 골프공 세차운동을 이해하기 쉽다.

경사면에서 퍼트선의 휨(break)에 영향을 미치는 요인을 정리하면 아래와 같다.

- 경사도: 경사가 가파르면 중력 효과도 커져 퍼트선의 휨이 커진다.

- 공 속도: 같은 경사라도 공 속도가 느리면 퍼트선의 휨이 크고 빠르면 작아진다.

- 퍼팅 거리: 퍼팅 거리가 멀면 퍼트선의 휨도 커진다. 그 이유는 같은 퍼팅 방향에서 퍼트할 때 공이 가까운 거리보다는 먼 거리를 진행하는 데 걸리는 시간이 길어져 자연 퍼트선의 휨이 더 누적되기 때문이다.

- 퍼팅 방향: 같은 퍼팅 거리라 하더라도 내리막 곡선 퍼팅이[53] 오르

---

53) 곡선 퍼팅은 낙하선 위의 직선 퍼팅을 제외한 경사면에서의 퍼팅이다.

막 곡선 퍼팅 때보다 공 속도가 훨씬 느려서 퍼트한 공이 홀에 도달하는 시간도 더 걸리게 되어 자연 퍼트선 휨이 더 누적된다.

● 그린 빠르기: 빠른 그린에서는 느린 그린보다 공 속도가 느려야 하므로 공이 홀에 도달하는 시간이 길어져 퍼트선 휨이 커진다. 느린 그린에서는 퍼트선 휨이 작다.

예를 들어 스팀프 7.5인 약간 느린 그린의 낙하선을 따라 퍼팅 거리 3m에서 홀을 30cm 지나서 공이 정지할 정도의 **최적 공 속도**(optimal ball speed)로 퍼트에 성공했다고 가정할 때 경사가 없는 평지라면 공의 발사 속도는 3.1m/s, 홀에 들어갈 때까지 걸린 시간은 1.9초인데, 경사도 3%의 오르막과 내리막 경사에서는 발사속도가 각각 3.4m/s와 2.7m/s, 걸린 시간이 각각 1.7초와 2.2초이다.[54] 즉 퍼팅 거리가 같을 때 내리막 직선 퍼팅에서 공 속도가 오르막 직선 퍼팅보다 느리므로 내리막 곡선 퍼팅에서도 공 속도가 오르막 곡선 퍼팅보다 모두 느리게 된다. 결론적으로 퍼트선의 휨은 대체로 공이 홀까지 이동하는 데 걸리는 총 시간이 길어지면 커지고 짧아지면 작아진다. 같은 공-홀선 위에서 퍼트할 때라도 퍼팅 거리가 가깝거나 퍼팅 속도를 빠르게 하면 퍼트선의 휨이 작아진다.

---

54) H. A. Templeton, Vector Putting: The Art and Science of Reading Greens and Computing Break, Vector Golf Inc., 1986, p.53

퍼팅을 가장 어렵게 하는 요인은 아무래도 그린 빠르기 추정과 경사 읽기가 아닌가 싶다.[55] 그중 그린 빠르기는 국내 일부 골프장이 출발 지역 근처에 친절하게 게시하는 잔디 관리 현황 정보에서 얻거나 경기 직전에 연습 퍼팅 그린에서 직접 확인하면 된다. 공-홀선 주변 그린의 경사를 읽기 위해서는 홀 중심으로부터 경사가 가장 급한 낙하선 방향을 찾는 것이 급선무이고, 이후는 퍼팅 방향 즉 **퍼팅각**(angle of putt)에[56] 상관없이 낙하선에 직각인 **경사축**(tilt axis)에서 같은 퍼팅 거리에 가상의 공을 상정하고 퍼트한 공이 실제로 얼마만큼 휘어야 퍼팅에 성공할 수 있나를 상상한다. 이 방향(퍼팅각 90도인 경사축)에서 퍼트선의 휨(break)이 최대값에 근접하는데[57] 이를 기준으로 조준선과 낙하선이 만나는 점을 **조준점**(aim point)으로 정한다. 그리고 다시 원래의 공 위치로 돌아와서 앞서 정한 조준점을 향해 조준하고 홀을 약 30~45cm 지나게 한다는 생각으로 퍼트하면 된다.[58]

---

55) 노련한 경기 도우미를 동반해도 투어 프로 선수들의 퍼팅 실패는 통계적으로 40%가 경사 읽기, 40%가 퍼팅 방향, 20%가 퍼팅 거리 추정 오류에 기인한다고 한다. 그만큼 경사 읽기가 어렵다. Mark Boradie, How you, like Adam Scott, can use AimPoint Express system to make more putts, Golf, Dec 2014.

56) 퍼팅각은 공-홀선이 낙하선에서 벗어난 각도로 0도이면 낙하선에서 오르막 직선 퍼팅, 90도이면 휨이 큰 경사축에서 퍼팅, 180도이면 낙하선에서 내리막 직선 퍼팅이 된다.

57) 그림에서 알 수 있듯이 경사축보다 약간 경사 높은 방향에서 퍼트할 때 휨(휜 거리)이 최대가 된다. 경사축과 퍼트선의 최대 휨 방향의 차이는 퍼팅 거리가 가까우면 크지만, 퍼팅 거리가 멀어지면 무시할 만큼 작아진다. 부록의 해당 역학 원리 참조.

58) Kit Alexander, The New Way to Putt, Today's Golfer, issue 310, June 2013, p.93.

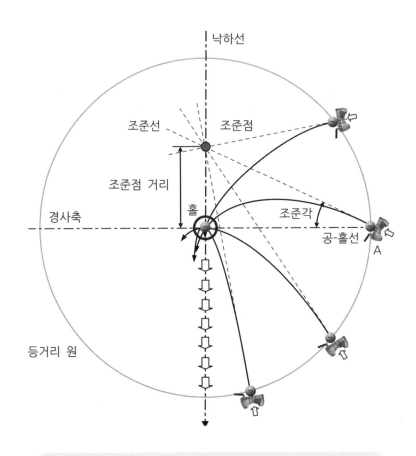

그린에서 홀을 중심으로 퍼팅 거리를 반지름으로 하는 원형 경사판을 상상한
다. 이 경사판에서는 수평선인 경사축과 경사가 가장 급한 낙하선이 서로 직
각을 이룬다. 퍼트선의 휨이 최대값에 가까운 경사축 위 A점에서 조준선을
정하면 낙하선과 만나는 점이 조준점이 된다.
퍼팅각(방향)과 관계없이 어느 공 위치에서라도 늘 조준점을 향해 조준하고
퍼트하면 된다. 이때 조준선을 어떻게 정하는가는 경사도, 퍼팅 거리와 그린
빠르기에 따라 달라지는데 전 홀에서의 경사면 퍼팅 경험은 물론 직관과 풍
부한 상상력이 필요한 부분이다.

이제는 조준점을 어떻게 찾느냐를 설명해보자. 요즘 PGA나 LPGA 투어 경기 중계방송을 보면 아담 스콧(Adam Scott), 리디아 고(Lydia Ko), 스테이시 루이스(Stacy Lewis) 등 유명 선수들이 가끔 팔을 앞으로 펼쳐 들고 손가락을 한 개, 두 개 또는 세 개를 겹친 후 눈대중으로 조준선이나 조준점을 찾는 장면을 볼 수 있는 데 그 **조준점 찾기**(aim point green reading) 원리를 설명하면 다음과 같다.[59]

낙하선 위의 조준점에서 홀 중심까지의 거리 벡터를 **중력 벡터**(gravity vector)라고 하는데 그 크기인 **조준점 거리**(aim point distance)는 경사도, 퍼팅 거리, 퍼팅 방향 및 그린 빠르기에 따라 복잡하게 달라진다. 이를 단순화하면,[60]

(조준점 거리, 인치)=(경사도, %)(퍼팅 거리, 보폭 수)(스팀프/8)

예를 들어 그린 빠르기가 보통인 즉 스팀프 8, 경사도 3%, 퍼팅 거리 10 보폭(약 7.5m)에서 조준점 거리는 대략 30인치(75cm), 즉 1 보폭 거리가 된다. 이 식의 문제는 퍼팅 거리를 일일이 재야 하는 어려움이 있다는 것이다. 다행히 조준점 거리는 퍼팅 거리에 비례하므로 스팀프 8인 보통

---

59) 요즘 유행하는 AimPoint Original이나 이를 Mark Sweeney가 단순화한 AimPoint Express는 모두 새로운 조준점 찾기 방법이 아니고 1986년에 H. A. Templeton이 이미 제안한 Vector Putting에서 유래한다. Geoff Mangum, Break Aim-Point Charts Limitations for Learning Skills for Reading Putts, Geoff Mangum's PuttingZone, http://puttingzone.com/vector.html

60) H. A. Templeton, Vector Putting: The Art and Science of Reading Greens and Computing Break, Vector Golf Inc., 1986 에서는
(조준점 거리, 인치)=(중력 인자)(경사도, %)(퍼팅 거리, 보폭 수)
의 공식을 제안하고 있다. 중력 인자(gravity factor)는 다시 경사도, 퍼팅 거리, 퍼팅각 및 그린 빠르기에 따라 복잡하게 변하는 데 이를 단순화하여 내가 수정 제시한 공식이다.

빠르기의 그린에서 경사도 1%에 대해서 다시 쓰면

(조준각)=(조준점 거리, 1인치)/(퍼팅 거리, 보폭 수)=2.54/75=1/30 (1.9도 또는 3.3%)

여기서 **조준각**(aim angle)은 공-홀선(A점에서는 경사축과 일치)과 조준선 사이의 끼인각으로 스팀프 8, 경사도 1% 횡경사 그린에서는 퍼팅 거리와 관계없이 조준각이 1.9도(3.3% 또는 1/30 rad[61])가 된다. 보통 팔을 앞으로 펼치고 손가락을 모아 세울 때 눈과 손가락까지의 거리는 대략 60cm 안팎이 되고 손가락 폭이 대략 2cm라고 하면 손가락 한 개가 시선에서 차지하는 각이 2/60=1/30로 스팀프 8, 경사도 1% 횡경사에서의 조준각과 같아진다. 따라서 경사축에서 퍼팅 거리가 같은 곳에 서서 경사도가 1%이면 쳐든 손가락 1개가 홀 중심으로부터 시선을 가리는 낙하선 위의 점이 조준점이 되고, 경사도가 N%이면 손가락 N개를 겹쳐 쳐들고 조준점을 정하면 된다. 손가락 굵기가 1.5cm로 가늘다면[62] 팔을 쭉 펴는 대신 팔꿈치를 약간 굽혀서 눈과 손가락의 거리를 3/4으로 줄여 측정하면 되고 그린이 스팀프 8보다 빠르면 역시 팔꿈치를 조금 더 굽혀서 손가락과 눈 사이의 거리를 가깝게 조절하면 된다. 그린이 스팀프 8보다 느리면 반대로 하면 된다.

---

61) rad는 radian(라디안)의 약자로 무차원 각도 단위이다. 여기서는 radx100을 경사도를 표시하는 %와 같은 의미로 이해해도 좋다.

62) 다행히 대개 손가락 굵기는 팔 길이와 비례하므로 팔을 뻗었을 때 손가락 한 개가 시야를 가리는 각도는 사람마다 크게 변하지 않는다.

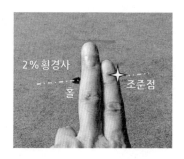

그림에서는 경사도 2% 그린에서 퍼팅 때 경사축에 서서 손가락 2 개를 이용하여 낙하선 위의 조준 점을 정하는 방법을 보인다. 퍼팅 각(방향)과 관계없이 적용할 수 있으며 조준점과 홀 중심 사이의 거리가 조준점 거리가 된다.

실제 현장에서 이 방법을 적용할 때 전 홀까지의 경험에서 정한 조준 점 거리가 부족하다면, 즉 홀 경사 낮은 쪽(아마추어 사이드)으로 퍼트하는 경향이 있으면 팔을 약간 더 구부려 손가락과 눈 사이의 거리를 좀 좁혀 손가락이 시야를 가리는 폭을 넓히면 된다. 즉 조준각을 크게 하면 된다. 아니면 손가락에서도 가장 굵은 마디를 기준으로 조준점 거리를 측정해 도 좋다. 반대의 상황에서는 이와 반대로 하면 된다. 이 방법의 장점은 퍼 팅 거리를 측정할 필요 없이 조준점이나 조준선을 정할 수 있으므로 그 린 빠르기 추정과 경사 읽기에 더 집중할 수 있다는 것이다.

지금까지의 조준점 설정 방법은 되도록 복잡한 현상을 쉽게 설명하기 위해 간략화한 것으로 실제 내리막 곡선 퍼팅에서는 설정한 조준점 거 리보다 20% 더 경사 높은 지점에, 오르막 곡선 퍼팅에서는 10% 더 경사 낮은 지점에 조준점을 정하고 퍼트하는 것이 좋다.[63] 즉 좀 더 경사면 퍼 팅의 성공률을 높이려면 퍼팅 방향에 따른 조준점 거리나 조준각 재조정 이 필요하다.

---

63) 조준점 찾기를 정확히 하려면 그린 빠르기, 경사도, 퍼팅 방향과 퍼팅 거리 별로 정리된 매 우 복잡한 조준점 거리표가 필요한 데 실용성은 의문이다. 특히 퍼팅각(방향)에 따른 조준 점 거리 재조정은 매우 복잡하다.

홀 주위 낙하선의 절대 경사를 읽고 실제 퍼팅 거리나 퍼팅 방향과 관계없이 경사축을 따라 퍼팅 거리가 같은 곳으로 이동한 후 그린 빠르기를 고려하여 낙하선 위에 조준점을 정하는 번거로운 절차 대신 임의의 공위치에서 바로 홀을 바라보고 서서 공-홀선 기준 횡경사도를 직접 읽고[64] 조준점 대신 홀 좌우로 조준선을 직접 정해도 좋다. 즉 공-홀선과 낙하선이 이루는 퍼팅각(퍼팅 방향)과 관계없이 공 위치에서 홀을 바라보며 직접 **가상 홀**(imaginary hole)을 찾는 방법으로 경기 도우미가 '공 한 개' 또는 '홀 컵 두 개' 거리 등으로 홀 바로 옆의 조준 위치를 알려주는 방법과 유사하다.[65] 이때도 앞서 손가락을 이용한 조준점 찾기 방법을 그대로 적용할 수 있다. 여기서 가상 홀은 조준선에서 홀과 가장 가까운 지점으로 가상 표적(imaginary target)이라고도 부르며 퍼팅에서 마치 실제 홀이 그 위치에 있는 것처럼 상상하고 조준하는 표적이 된다.

* 역학 원리는 부록에 정리

---

64) 제3.10절 '경사 읽기(2): 다림추법, 발바닥 압력법과 무릎 돌출법' 참조.
65) 자세한 내용은 부록: 역학 원리 중 '경사면 퍼팅에서 조준법' 참조.

동반자나 홀을 지나친 퍼팅에서 배우는 경사면 퍼트[*]

우리는 흔히 그린 위에 올린 공이 동반자의 퍼트선 근처 홀 쪽에 가까이 놓였을 때 '선생님께 배운다'고 좋아한다. 이때 퍼트선 휨이 큰 경사면 퍼팅에서는 동반자가 먼저 보여준 퍼트선으로부터 경사도나 그린 빠르기, 특히 홀 중심에서 조준선까지의 거리인 **휜 거리**(break)를 관찰하고 학습하여 자신의 퍼팅에 적용하려는 경향이 있다. 그런데 내 공과 동반자 공이 거의 붙어 있으면 퍼트선도 거의 같으므로 문제가 없으나

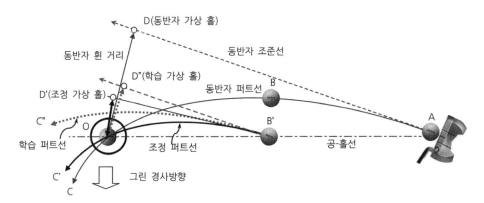

휜 거리와 퍼트선의 차이가 잘 보이도록 약간 과장해서 그렸다. 퍼팅 거리가 먼 A에서 D를 가상 홀로 정하고 퍼트하여 성공했을 때 퍼팅 거리가 가까워진 B'에서 AD에 평행한 B'D"을 조준선으로 정하고 D"을 향해 퍼트하면 홀의 경사 높은 쪽(프로 사이드)으로 퍼트선 B"C"이 생기기 쉽다. 따라서 D"보다 약간 홀에 가까운 D'을 조정된 가상 홀로 정하고 퍼트해야 성공률이 높아진다.

나의 퍼팅 거리가 동반자와 크게 차이가 나면 동반자의 퍼팅이 성공하더라도 동반자가 보여준 퍼트선을 어떻게 학습하여 퍼팅 거리가 가까

운 나의 퍼팅에 적용해야 하는가가 늘 문제가 된다. 예를 들어 그림에서 처럼 횡경사면에서 동반자가 공 위치 A에서 홀 경사 높은 쪽으로 휜 거리 OD를 가상하여 D를 **가상 홀**(imaginary hole)로 정한 후 퍼트선 ABO를 따라 퍼팅에 성공했다면 내 공이 같은 공-홀선 위의 B'에 있을 때 동반자의 휜 거리 OD를 그대로 적용하여 같은 가상 홀 D를 향해 퍼트하면 당연히 홀의 경사 훨씬 높은 쪽(프로 사이드)으로 공이 지나게 된다.[66] 퍼팅 거리가 줄었으므로 휜 거리(OD")도 비례해서 준다고 가정하면 동반자의 조준선인 AD에 평행한 B'D"을 나의 조준선으로 정하고 D"을 향해 퍼트하기 쉬우나 이 역시 퍼트선 B'C"처럼 홀의 경사 살짝 높은 쪽으로 공이 지나가기 쉽다. 예를 들어 같은 공-홀선 위에 있으면서 퍼팅 거리가 절반으로 줄면 휜 거리는 반보다 더 작게 된다. 동반자가 성공한 퍼트선 ABO를 기억해두었다가 내 공 위치(B') 근처를 지날 때부터의 퍼트선 BO를 내 퍼트선으로 복사하듯이 상상하고 퍼트해도 역시 홀 위쪽을 지나는 퍼팅이 되기 쉽다. 결론적으로 동반자의 퍼트선을 학습하여 그대로 적용하면 모두 휜 정도를 과대평가하기 쉽다.

퍼팅 거리가 멀지 않으면서 극단적으로 공-홀선이 아닌 동반자의 퍼트선 위에 내 공이 있으면 어떨까? 동반자가 퍼트한 공이 내 공 표식(ball mark) 근처를 통과할 때부터 홀에 들어갈 때까지의 퍼트선을 그대로 복사해서 적용하더라도 결과는 마찬가지이다. 그림에서 설사 내 공이 애초에 B의 위치에 있었어도 즉 동반자가 퍼트한 공이 내 공 표식을 타고

---

66) 동반자와 퍼팅 방향이 같더라도 퍼팅 거리가 다를 때 경기 도우미가 앞서 퍼트한 동반자를 위해 알려준 홀 근처 가상 홀을 그대로 내 가상 홀로 정하면 안 된다.

지나서 퍼팅에 성공하더라도 동반자 퍼팅 후반 퍼트선 BO와 내가 성공하는 퍼트선의 휜 정도가 같지 않다. 그 이유는 퍼팅 거리 중 초기 약 15~20%는 공이 빠른 속도로 미끄러지면서 구르므로[67] 경사면 아래로 작용하는 중력 효과가 작용할 충분한 시간이 없어서 휨이 매우 적지만 중간점을 지난 이후는 공 속도도 느려지고 공이 순 구름 운동 상태에서 중력 효과가 퍼트선을 휘게 할 시간이 충분하다. 따라서 동반자 퍼팅에서도 초반 AB 구간보다 후반 BO 구간에서 퍼트선이 많이 휘게 된다. 내가 B'에서 퍼트하면 B'O 구간에서 공 속도는 동반자 퍼트선 중 BO 구간과 비슷하더라도 미끄럼이 없는 BO 구간과 비교하여 미끄럼 거리가 큰 B'O 구간에서 퍼트선이 휠 여유가 없게 된다.

예를 들어 스팀프 8.5, 경사도 3%(1.7도)인 그린의 경사축 위에서 퍼팅 거리가 6m이면 홀 중앙에서 조준선까지의 거리인 휜 거리가 66cm(홀컵 끝에서 경사 높은 쪽으로 12cm)이지만 퍼팅 거리가 그 절반인 3m로 줄면 휜 거리가 33cm보다 5cm 작은 28cm(홀컵 안에서 경사 높은 쪽 4등분 선)가 된다. 거리가 짧을수록 이 현상은 심화되어 퍼팅 거리가 1.5m일 때는 휜 거리가 10cm에 불과하다. 그 이유는 홀을 30cm 지나도록 최적 공 속도로 퍼트할 때 공의 목표 이동 거리는 1.8m가 되는데 그 중 초기 30cm 구간은 공이 미끄러지면서 퍼트선의 휨이 거의 없다가 홀까지 굴러가야 할 남은 거리, 즉 퍼트선이 휘는 구간은 1.2m에 불과하므로 휜 거리가 급격하게 줄어들게 된다. 따라서 퍼팅 거리가 가까울 때는 보이는 것보다 휜 거리를 작게

---

67) 제3.4절 '퍼팅과 공 운동' 참조.

정하고 홀을 지나치도록 약간 강하게 퍼트해야 성공률이 높아진다.[68]

  보이는 거리보다 휜 거리를 약간 작게 정하고 대신 약간 강하게 퍼트할 때 좋은 점은 'never-up never-in(홀을 지나도록 퍼트해야 들어간다)'의 철칙대로 퍼팅 성공률을 높일 뿐 아니라 설사 홀을 비켜 지나쳤다 하더라도 홀에서 정지한 공 위치까지의 퍼트선을 읽었으므로 다음 퍼팅에 도움이 된다. 문제는 퍼팅 거리가 멀지 않은 두 번째 퍼팅에서 앞서 공이 홀을 지나친 이후에 관찰한 퍼트선의 휜 정도를 그대로 적용했다가는 휨을 과도하게 추정한 결과 자칫 홀의 경사 높은 쪽을 지나는, 즉 프로 사이드 퍼팅으로 끝나기 쉽다. 첫 퍼팅에서 홀을 지나친 후 정지할 때까지 공 속도는 매우 느리므로 퍼트선이 심하게 휠 뿐 아니라 공 속도도 느려 공의 움직임도 매우 불안정하다. 그러나 홀을 지나친 공으로 반대편에서 다시 홀을 30~45cm 지나 정지하는 퍼팅에서 공 정지 거리의 15% 정도는 휨이 거의 없는 미끄럼 운동을 하게 되고 나머지 85% 거리에서 홀을 지나칠 30~45cm를 뺀 홀까지의 거리에서는 비교적 공 속도가 빠르므로 첫번째와 두 번째 퍼팅에서는 경사각의 차이를 고려하더라도 두 번째 퍼팅에서의 휨이 뜻밖에 작을 수 있다. 따라서 홀을 지나는 퍼팅에서 추정된 휜 정도보다는 작은 휨을 고려해서 조준선을 정하고 퍼트해야 성공하기 쉽다. 단 예외로 같은 퍼팅 거리라도 내리막 곡선 퍼팅에서는 오르막 곡선 퍼팅보다 휜 거리가 20~30% 정도 더 멀다.

* 역학 원리는 부록에 정리

---

68) H. A. Templeton, Vector Putting: The Art and Science of Reading Greens and Computing Break, Vector Golf Inc., 1986, Appendix A.

빗맞은 퍼팅 응용(2): 경사면 퍼팅 실수 관용성 향상 3-14

경사면에서 퍼트할 때에는 공–홀선(공과 홀을 잇는 직선)에서 퍼트선이 벗어나는 휜 정도(break)를 고려하여 조준선을 정확히 설정하고 퍼트해야 성공할 수 있다. 그런데 경기자의 80~95%는 휜 정도를 과소평가하여 경사면에서 퍼트선이 홀의 경사 낮은 쪽으로 벗어나게 퍼트한다고 한다.[69] 이를 개선하기 위해 퍼터 헤드의 무게중심에서 조금 경사 높은 쪽으로 벗어난 타점(충돌점)으로 고의 빗맞은 타구를 유도하는 방법이 있다. 빗맞은 퍼팅으로 발생한 토크로 퍼터 헤드가 순간적으로 비틀려 퍼터 타면이 열리거나 닫힌다. 이때 타면 정렬불량으로 생기는 각효과를 이용하여 퍼팅 실수에 대한 관용성을 증가시킨다.

아래 보인 그림에서와 같이 경사면에서 퍼터 타면의 경사 높은 쪽인 코(toe) 쪽으로 빗맞게 퍼트하면 아래 두 가지 현상이 생긴다.

- 무게중심에서 코 쪽으로 벗어난 타면에 수직으로 작용하는 공과의 충격력이 타구 순간 퍼터 헤드를 열리는 방향(그림에서는 시계 방향)으로 회전시킴에 따라 퍼터진로에 대해 열린 페이스각(face angle)만큼 더 공을 경사면 경사 높은 쪽으로 퍼트하는 효과가 생긴다. 즉 정상 퍼트선보다 경사 높은 쪽으로 퍼트선이 만들어진다.

- 무게중심을 지나는 타면의 고 반발중심(sweet spot)을 빗맞혀 반발계수(COR)가 조금 감소하고 공의 발사속도도 그만큼 감소한다.

---

69) 'never up, never in'과 일맥상통하는 속설로 '아마추어 사이드 퍼팅'이라고 부른다. D. Pelz, Dave Pelz's Putting Bible, Doubleday, 2000, p.158.

위 두 가지 빗맞음에 따른 퍼팅 오차가 상호 보완 작용을 하여 초기에
는 퍼트선이 정상 퍼트선보다 경사 높은 쪽으로 올라가나, 정상 퍼팅보
다 느려진 공 속도로 퍼트선의 휨이 커지면서 급격히 경사면 낮은 쪽으
로 흘러내리기 쉬워 퍼팅 실수에 대한 관용성을 증대시키는 뜻밖의 효과
를 낸다. 물론 이때는 실수가 아니고 고의로 빗맞히면서도 퍼팅 성공률
을 높인다. 이러한 고의 빗맞음 효과를 극대화하려면 타면의 고 반발중
심(퍼터 페이스 중심)에서 경사 높은 쪽으로 3mm(1/8 인치) 이내의 빗맞은
퍼트를 하는 것이 좋다.[70] 그림과 달리 홀 반대편에서 퍼트할 때는 퍼터
타면 턱(heel) 쪽으로 빗맞게 퍼트하면 된다.

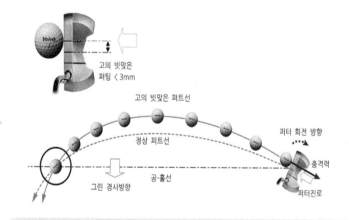

그림과 같이 경사 높은 쪽으로 고의 빗맞은 퍼팅을 하면 두 가지 현상이 생긴
다. 첫째는 퍼터 타면이 약간 열리므로 정상 퍼트선보다 경사 높은 쪽으로 퍼
트선이 만들어진다. 둘째는 고 반발중심에서 빗맞으면 반발계수가 줄어들어
공 속도가 줄어들어 퍼트선의 휨이 더 커진다. 결과적으로 정상 퍼트선보다
홀의 경사 높은 쪽에서 공이 진입하도록 유도하여 퍼트의 성공률을 높인다.
소위 프로 사이드 퍼트를 유도한다.

70) D. Pelz, Dave Pelz's Putting Bible, Doubleday, 2000, p.353~357.

정상적으로 퍼트할 때는 퍼터 타면의 고 반발중심(무게중심선과 일치)에 맞추어 퍼팅 자세를 취하는 것이 보통이다. 퍼터진로 정렬이 잘 되어 있더라도 고 반발중심으로 정확히 타구 하지 못하고 약간 빗맞은 퍼트를 할 때, 앞서와 같이 경사면 경사 높은 쪽으로 빗맞게 하면 큰 문제가 없지만, 경사 아래쪽으로 빗맞으면 홀의 경사면 낮은 쪽으로 못 미치는 퍼팅이 되어 큰 실패로 끝나게 된다. 그런데 퍼터 타면의 고 반발중심에서 경사면 경사 높은 쪽으로 1~2mm 벗어난 지점에 맞추어 퍼팅 준비자세를 취하면 그 범위 내에서 빗맞은 퍼팅 실수를 하더라도 모든 퍼트선이 홀의 경사면 높은 쪽에서 홀 쪽으로 내려오게 되어 퍼팅 성공률을 높이게 된다. 단, 지나친 고의 빗맞은 퍼팅은 피해야 하고 직선 퍼트선에 적용하면 반드시 실패한다.

고의 빗맞은 퍼팅의 원리는 마치 휘어드는 구질(draw)의 드라이버 타구를 구사할 때 타면의 고 반발중심 약간 바깥(toe)쪽을 공에 겨냥하고 스윙하는 이치와 같다. 고 반발중심을 직접 겨냥하다가 행여 실수하여 안(heel)쪽으로 타구 되면, 기어 효과로 의도하지 않은 휘어 나가는 구질(fade)이 발생할 위험성을 낮출 수 있다. 이때도 과도하게 타면의 바깥쪽으로 겨냥하고 그대로 타구 하면 클럽 헤드와 공의 충돌이 제대로 이루어지지 않아 비거리 손실이 클 수 있다. 이와 비슷하게 휘어드는 (휘어 나가는) 구질을 잘 구사하는 경기자는 표적선보다 바깥쪽(안쪽)으로 스윙 진로를 잡고 타구 준비자세를 취하는 이치와 유사하다. 물론 두 경우 적용되는 역학 원리는 전혀 다르다.

아래 그림은 고 반발중심에 대해 안쪽(그림 A), 가운데(그림 B), 바깥쪽(그림 C)으로 퍼트할 때 예측되는 타점(충돌점) 분포를 개념적으로 보인다. 직선 퍼팅에서는 고 반발중심에 대해 정상적으로 퍼트해야 퍼팅 실수에 대한 관용성이 높아지지만, 경사면 퍼팅과 같이 퍼트선이 휠 때는 오히려 퍼팅 실수에 대한 관용성이 절반으로 떨어지게 된다. 이와 비교하면 홀 경사 높은 쪽을 조준하는 경사면 퍼트에서는 고의로 약간 고 반발중심의 경사 높은 쪽을 겨냥하여 퍼트할 때 퍼팅 실수에 대한 관용성이 현저히 증가한다. 역시, 타점이 지나치게 고 반발중심에서 벗어나면 타구가 제대로 이루어지지 않아 홀에 못 미치는 짧은 퍼팅으로 끝나게 된다. 물론 홀에 못 미치는 퍼팅이 성공할 확률은 전혀 없다.

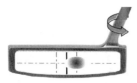

(그림 A) 고 반발 중심(sweet spot)으로부터 퍼터 샤프트 가까운 쪽으로 퍼트하면 반발계수가 낮아져 공의 발사속도가 작아지고 퍼터 헤드가 닫혀 실수해도 늘 공이 표적 왼쪽으로 간다.

(그림 B) 고 반발 중심 근처로 퍼트하면 반발계수 감소가 미미하여 공의 발사속도 변화가 적고 표적을 향해 똑바로 전진한다. 다만 실수했을 때는 공의 진행방향이 표적의 왼쪽이나 오른쪽으로 불규칙하게 변한다.

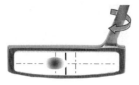

(그림 C) 고 반발 중심으로부터 퍼터 샤프트 먼 쪽으로 퍼트하면 반발계수가 낮아져 공의 발사속도가 작아지고 퍼터 헤드가 열려 실수해도 늘 공이 표적 오른쪽으로 간다.

홀의 경사 낮은 쪽으로 퍼트하는 이유 3-15

흔히 경사면 퍼팅에서 공이 홀의 경사 높은 쪽을 지나칠 때 **프로 사이드**(pro side) 퍼팅이라고 하고 반대로 홀의 경사 낮은 쪽을 지나칠 때 **아마추어 사이드**(amateur side) 퍼팅이라고 부른다. 둘 다 퍼팅에 실패했고 경사 낮은 쪽을 지나서 멈춘 공은 다음 퍼팅이 비교적 쉬운 오르막 퍼팅임에도 홀의 높은 쪽을 지나는 퍼팅이 오히려 바람직하다. 그 이유는 평지 퍼팅에서 홀을 지나지 않으면 퍼팅에 성공할 수 없다는 격언과 일맥상통한데, 공이 일단 홀에 미치지 못하고 경사 낮은 쪽으로 구르게 되면 홀에 들어갈 확률이 전혀 없을 뿐 아니라 보통 남은 퍼팅 거리가 제법 멀지만, 경사 높은 쪽으로 구르게 되면 중력으로 홀을 향해 내려갈 여지가 있어 퍼팅 성공률이 높을 뿐 아니라 남은 퍼팅 거리도 비교적 가깝기 때문이다. 통계에 따르면 일반 경기자 대다수가 실제 퍼트선이 홀의 경사 낮은 쪽으로 미리 빠지는 아마추어 사이드 퍼트를 하는 것으로 알려졌다.[71]

홀에 못 미치는 평지 퍼팅처럼 아마추어 경기자 대다수가 홀에 들어갈 확률이 전혀 없는 홀의 경사 낮은 쪽으로 퍼트선이 빠지는 이유, 즉 자주 퍼트선의 휨 또는 경사도를 과소평가하는 가장 설득력 있는 이유는 아래와 같이 정리할 수 있다.

● 그린 경사를 읽기 위해 너무 오래 집중해서 같은 경사면을 관측

---

71) 80~95%라는 주장이 있다. D. Pelz, Dave Pelz's Putting Bible, Doubleday, 2000 참조.

하면 경사에 익숙해져 점점 경사도를 과소평가하게 된다.[72] 처음 읽는 그린 경사가 나중보다 더 정확할 때가 많다.

● 퍼팅 속도가 너무 빨라 혹시 퍼팅에 실패했을 때 홀을 너무 멀리 지나치면 다음 퍼팅에서 심적 부담이 크므로 최소한 홀에 가까이 붙이는 소위 안전한 퍼트를 하려는 경향이 있다. 다른 한편으로는 긴장하면 순간적으로 근육이 수축하여 제대로 퍼팅 속도를 낼 수 없게 되어 공이 홀에 미치지 못한다.

● 퍼팅 준비자세에서 퍼트선의 휨을 고려해서 홀의 경사 높은 쪽에 정한 조준선 위의 조준점 또는 가상 홀을 주시하다가도 홀 위치를 확인하기 위해 홀을 몇 차례 쳐다보게 되면 우리의 두뇌와 운동신경은 무의식적으로 조준점 경사 낮은 쪽에 있는 홀을 표적으로 오인하고 홀 쪽으로 밀거나 당기는 퍼트를 하기 쉽다.

● 경사면에서 곡선인 퍼트선을 상상할 때 흔히 공-홀선 기준으로 가장 휨이 큰 곡선 퍼트선의 정점(apex, break point)을 찾고 퍼팅 때 공이 그 정점을 지나가도록 해야 한다. 이때 자칫 공과 정점을 잇는 직선 방향으로 잘못 조준하면 처음에는 공이 정점을 향해 가는 듯하지만 이내 정점보다는 경사 낮은 쪽을 지나서 구르기 쉽다. 즉 조준점이나 가상 홀 대신 퍼트선 정점을 기준으로 퍼트하면 늘 휜 정도를 과소평가하기 쉽다. 그림에서 보았듯이 실제 공과 정점을 잇는 선을 조준선으로 했을 때 잘못 인식된 휜 거리는 홀로부터 실제 가상 홀까지 거리, 즉 실제 휜 거리(이를 true break이

---

72) 이를 학술적으로는 경사 적응(tilt adaptation and normalization)이라고 한다. 제3.9 및 3.10절 '경사 읽기' 참조.

라고도 한다)보다 훨씬 짧을 수 있다.[73] 실제 휜 거리는 공-정점 연결선으로 정해지는 잘못 추정된 휜 거리의 3배까지 될 수 있다.[74]

결론적으로 곡선 퍼트선의 정점 찾기는 잊어버리고 가장 먼저 낙하선 위에서 조준점을 정하거나 조준선 위의 가상 홀을 찾은 후 퍼팅 준비자세에서 홀의 위치 확인을 위해 홀을 주시하더라도, 퍼팅 직전에는 그린 위의 홀이나 퍼트선의 정점이 아닌 조준점 또는 가상 홀을 최종적으로 확인하고 과감하게 퍼트하면 프로처럼 프로 사이드 퍼트를 할 수 있다.

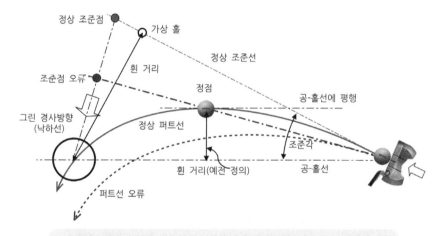

퍼팅에서 퍼트선을 제대로 읽었더라도 흔히 저지르는 실수는 실제 퍼팅에서 조준점 또는 가상 홀을 직접 겨냥해서 퍼트하기보다는 퍼트한 공이 퍼트선 정점을 통과하도록 하려는데 있다. 정점을 통과하도록 초기 곡선 퍼트선을 따라 퍼트하려면 오랜 경험과 기술이 필요하다. 또한, 정점을 조준점으로 오인하고 퍼트하면 그림과 같이 퍼트선이 홀에 크게 못 미치게 된다. 따라서 퍼트선 정점 또는 정점에서 공-홀선까지의 거리를 기준으로 퍼트하는 예전 방법은 문제가 많다.

---

73) Frank Thomas and Valerie Melvin, The Fundamentals of Putting, Frankly Golf, 2012 참조.
74) D. Pelz, Dave Pelz's Putting Bible, Doubleday, 2000, p.157 참조.

정점을 지난 후 퍼트선이 심하게 휘는 이유

횡경사 그린 퍼팅에서 공이 이동하는 궤도 즉 **퍼트선**(putt line)은 중력의 영향으로 공-홀선에서 벗어난 곡선을 그리게 되는데 이를 흔히 포물선으로 설명한다. 포물선의 특징은 곡선의 휜 정도를 나타내는 곡률이 증가하다가 최대 곡률점인 정점을 지난 후 대칭적으로 감소하는 이상 곡선으로 실제 퍼트선을 수학적으로 표현하는 데는 부적합하다.

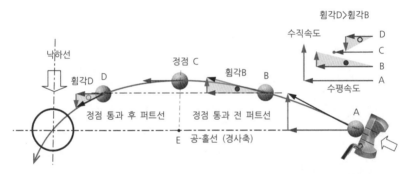

횡경사 퍼팅 때 공 속도를 경사축에 평행인 수평 속도 성분과 직각인 수직 속도 성분으로 나눌 수 있다. 수평 속도 성분은 잔디와의 마찰로 홀에 다가갈수록(A→B→C→D) 급격히 작아진다. 중력의 영향을 받는 수직 속도 성분은 정점 통과 전과 후 방향이 반대가 되지만 정점을 기준으로 그 크기는 크게 바뀌지 않는다. 예를 들어 B와 D에서 공 수평 속도 성분은 크게 차이가 나지만 공 수직 속도 성분의 크기는 큰 차이가 없다. 따라서 퍼트선의 휨각B보다 휨각D가 훨씬 커져 정점을 지나면 자연 퍼트선이 급격하게 휜다.

우선 간단히 그림처럼 공-홀선이 낙하선과 직각을 이룰 때를 생각하자. 이때는 공-홀선이 경사축 위에 놓이므로 퍼트선의 휨이 최대값에 근접한다. 그린에서의 퍼트선이 정점을 기준으로 대칭인 포물선이라면 정점에서 공-홀선에 내린 수선의 발(E)이 공-홀선의 가운데에 있어야 하지만 실제로는 그렇지 않다. 퍼트선을 따라 움직이는 공의 속도는 경사축에 평행인 수평 속도 성분과 직각인 수직 속도 성분으로 나눌 수 있다. 이중 수평 속도 성분은 중력의 영향은 받지 않고 공과 그린의 구름마찰 저항만 받아 공이 퍼트선을 따라 움직일 때 일정 감가속도로 속도가 준다.[75] 한편 경사축에 직각인 속도 성분인 공의 수직 속도 성분은 공과 그린의 구름마찰 저항뿐 아니라 경사면에서의 중력의 영향으로 오르막 구간에서는 감가속하지만, 내리막 구간에서는 가속하게 된다. 물론 내리막에서의 중력에 의한 가속이 구름마찰 저항보다 크면 공은 계속 굴러내려가고 그렇지 않으면 결국 정지하게 된다. 다른 한편으로는 퍼트한 공이 정점까지는 비교적 빠른 속도로 이동하므로 정점까지 도달하는 데 걸리는 시간도 짧아 퍼트선이 휘어질 여유가 없으나 정점을 지난 후에는 속도가 급격하게 떨어져 홀까지 이동하는 거리는 약간 짧지만 걸리는 시간은 오히려 늘어나 퍼트선이 더 휘게 된다.

따라서 횡경사에서의 퍼트선은 정점에 대해서 대칭일 수 없고 정점을 지나기 전에는 휨이 작다가 정점을 지나면서 휨이 커지는 비대칭 곡선 퍼트선이 된다. 즉 정점을 지나면서 퍼트선이 심하게 휜다. 이러한 현상은 옆바람이 지속해서 불 때 비행하는 골프공의 탄도 후반부에서 바람

---

75) 제3.12절 '경사면 퍼팅에서 조준법'에서는 퍼트선이 휘는 원인은 중력으로 자이로 효과로 나누어 설명하였다. 여기서는 편의상 두 속도 성분의 상호 작용은 고려하지 않고 간단히 개념적으로 설명하였다. 실제로는 경사면에서 구르는 공의 두 속도 성분이 자이로 효과로 복잡하게 상호 연성되어 있다.

방향으로 급하게 휘는 현상과 비슷하다. 즉 골프공의 진행 속도 성분은 공기의 저항으로 점차 줄지만, 바람으로 공이 옆으로 밀리는 속도 성분은 크게 변하지 않기 때문이다.

한편 퍼팅이 성공하는 퍼트선은 하나가 아니고 무수히 많다. 두 극단적인 예는 **중력 퍼팅**(die putt)과 **장전 퍼팅**(charge putt)이다. 그림에서 보았듯이 중력 퍼팅은 퍼트한 공이 가장 가까운 홀 가장자리 주변까지 와서 정지한 후 중력으로 천천히 홀 안으로 떨어지는 극적인 상황을 연출한다. 최소의 퍼팅 속도로 퍼팅에 성공한 예로 퍼트한 경기자가 홀에 다가와서 확인 후 10초 이내에 정지했던 공이 홀에 들어가야 유효하다.[76] 반대로 장전 퍼팅으로 퍼트한 공 속도가 빨라서 홀 반대편 안쪽 벽을 치고 홀 안으로 도로 떨어지도록 하는 과감한 퍼팅으로 조금 지나치면 홀 반대편 벽을 치고도 튀어 나갈 수 있다. 장전 퍼팅에서 홀을 놓쳤을 때 홀을 30~45cm 지나서 공이 정지할 정도의 공 속도를 **최적 공 속도**(optimal ball speed)라고 부른다. 경사 그린에서는 중력 퍼팅과 장전 퍼팅 모두 퍼팅에 성공했다 하더라도 퍼트선은 서로 다르다. 중력 퍼팅은 장전 퍼팅보다 공 속도가 작지만 조준각이 커서 휨이 훨씬 큰 퍼트선을 그린다. 이론적으로는 중력 퍼팅과 장전 퍼팅의 공 속도 중간과 조준선 중간을 택해도 퍼팅에 성공할 수 있으므로 퍼팅에 성공할 수 있는 퍼트선은 무수히 많게 된다. 경사면 퍼팅에서의 조준법은 모두 최적 공 속도로 퍼트할 때를 기준으로 한다.

---

76) USGA Rule 16-2 참조.

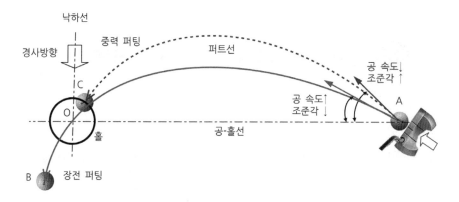

그림에서 곡선 AC는 중력 퍼팅의 퍼트선, 곡선 AB는 장전 퍼팅의 퍼트선이다. 모두 퍼팅에 성공했을 때로 중력 퍼팅에서 공은 홀 가장자리 C에 잠시 머물다 홀 안으로 떨어지고 장전 퍼팅 중 공이 홀을 놓쳤을 때 홀 중심에서의 거리 OB가 30~45cm일 때 최적 퍼팅이 된다. 장전 퍼팅은 중력 퍼팅보다 공속도가 빠른 대신 조준각이 작다. 두 극단적이 퍼트선 AB와 AC 중간 퍼트선을 그리는 퍼팅은 모두 성공할 수 있으므로 이론적으로 성공할 수 있는 퍼트선은 무수히 많다.

그린 주변에서 퍼팅 거리 환산 요령

주변에서 흔히 보듯이 그린 관리 편의를 위해 그린을 좌우 두 곳에 나누어 설치한 골프장에서 경기하다 보면 반대편 그린에 공이 잘못 올라갈 수 있다. 물론 무벌타 드롭을 하여 웨지로 표적 그린을 공략할 수도 있지만, 그린 사이의 잘 다듬어 놓은 잔디 구역을 통과하는 퍼팅을 재미 삼아 시도할 수도 있다.[77] 특히, 토종 잔디가 말라 땅에 누운 늦가을부터 잔디가 새로 자라나는 늦봄까지의 겨울철 골프 경기에서는 그린 주변 잔디에서 무벌타 드롭을 했다 해도 맨땅에서 **머리치기**(topping)의 위험을 무릅쓰고 웨지 타구를 하기보다는 편하게 퍼터로 직접 홀을 향해 퍼팅을 시도할 수 있다.

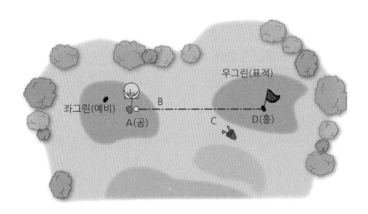

77) 아마추어 친선 경기에서 그린 밖에서 무벌타 드롭하는 대신 경기 진행을 돕기 위한 편법으로, 공식 매치 경기에서는 홀 패, 공식 스트로크 경기에서는 2벌타에 해당한다.

그림에서 예비 그린에 놓인 공의 위치 A에서 짧은 잔디의 그린 주변 구역 BC를 통과하여 퍼터로 홀 위치 D를 향해 퍼팅을 시도할 때 목표가 되는 총 유효 퍼팅 거리를 계산하기 위해서는 그린의 퍼팅 거리로 환산한 BC 구역에서의 유효 퍼팅 거리를 추정해야 하는데, 이때 좌우 그린의 스팀프뿐 아니라 BC 구역의 평균 스팀프에 대한 정보가 필요하다. 즉, 총 유효 퍼팅 거리 환산식은

(총 유효 퍼팅 거리) =(AB 거리)+(CD 거리)+(BC 거리)x(그린 스팀프)/(BC 구역 스팀프)

가 된다. 예를 들어 좌우 그린이 스팀프 9로 같고 BC 구역이 스팀프 3이라면 퍼팅 거리 계산은

(총 유효 퍼팅 거리) = (AB 거리)+(CD 거리)+ 3x(BC 거리)

으로 BC 구역 거리의 2배만큼 홀이 더 멀리 떨어져 있다고 가정하고 퍼팅 속도를 조정해야 한다.

문제는 어떻게 좌우 그린과 주변 잔디 지역의 스팀프를 가늠하는가이다. 이를 확인하려면 경기 시작 전 연습 그린에서 평평한 지역을 골라 그린 위와 그린 주변 지역에서 비슷한 퍼팅 속도로 연습 퍼팅을 하면서 실제 공이 굴러간 거리 비를 기억해 두면 유용하게 쓸 수 있다. 물론 전체적인 경사에 대한 조정도 필요하다.

다른 그린이 아닌 그린 주변 프린지나 **에이프런**(apron)에서 퍼트할 때도 마찬가지로 공 위치로부터 그린 경계까지의 거리에 대해 그린 빠르기

와 주변 잔디의 빠르기 비로 유효 퍼팅 거리를 조정해 주어야 하며 오르막-내리막 경사가 있으면 이를 고려하여 재조정해야 한다. 그림에서 공이 BC 구역에 놓였을 때 홀까지의 유효 퍼팅 거리 환산 요령과 같다. 그린에서 프린지를 통과해서 그린으로 다시 돌아오는 퍼트선에서도 같은 방법으로 유효 퍼팅 거리를 환산하면 된다.

그린이나 주변 잔디의 빠르기에 대한 정보를 모를 때는 그린과 주변 잔디가 깎인 상태를 가늠하여 대략 정할 수 있는데, 예를 들어 그린 주변 지역의 잔디가 말라서 지면의 흙이 드러난 상태라면 1:1, 잘 깎인 페어웨이와 비슷한 잔디 상태라면 1:2, 그보다 심하면 1:3 또는 1:4로 퍼팅 거리를 길게 잡으면 무난하다. 잔디 조건과 스팀프 관계는 제3.2절에 보인 표를 참조하면 된다.

그린 주변에서 퍼팅 방향 예측 요령[*] 3-18

"최선의 칩샷보다 최악의 퍼팅이 낫다"는 과장된 속어가 있다.[78] 즉 그린 주변에서는 되도록 퍼터로 공략하는 것이 안전하다는 뜻이다. 웨지는 로프트각이 커서 공을 띄우기는 쉽지만, 거리를 맞추기도 어렵고 특히 공이 놓인 자리가 경사면이면 라이각 정렬이 어려워 방향성이 나빠지기 쉽다.[79] 초보자는 뒤땅(duff), 머리치기(top), 목치기(shank) 등의 만회하기 힘든 큰 실수를 범하기 쉽다. 반면 퍼터는 스윙이 편하고 로프트각이 작지만 4도 정도 되므로 풀이 길지 않으면 퍼팅으로 공을 프린지, 에이프런 또는 그린에서 가까운 짧은 풀숲에서 그린으로 쉽게 꺼내거나 굴릴 수 있으면서도 거리감과 특히 방향성이 뛰어나다.

앞 절에서 그린 주변 퍼팅에서 유효 퍼팅 거리를 계산하는 방법에 대해서 다루었다. 요령은 그린 주변과 그린의 빠르기를 비교해서 그린에서의 퍼팅 거리로 환산하는 것이다. 이때 그린 주변과 그린의 경계선이 대체로 퍼트선에 거의 직각이거나 퍼팅 거리가 제법 멀어서 경계선 통과 공 속도가 제법 빠르면 실제 퍼팅 방향이 기대했던 방향과 별로 차이가 나지 않는다.

경계선이 퍼트선에 대해 직각에 가까우면 경계선을 지날 때 퍼트선이 부드럽게 바뀌어 문제가 없으나 직각에서 멀어지면 퍼트한 공이 경계선을 지나면서 마치 공의 방향이 갑자기 바뀌는 듯 퍼트선이 꺾어지는 수

---

78) 우리말 번역이 과장된 것 같다. 원래의 표현은 Your **worst putt** is always better than your **worst chip**. 즉 '최악의 칩샷보다야 최악의 퍼팅이 낫다'라는 뜻으로 사리에 맞다.
79) 이종원의 역학골프: 각도 알고 타수 줄이기, 좋은땅, 2011, 제4.5절 '유효 라이각 변경' 참조.

가 있다. 특히 경사면에서 공이 그린 경계선에 진입하는 각도와 공 속도가 퍼트선에 미치는 영향은 매우 크다.

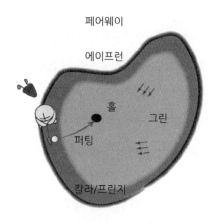

그린 주변은 보통 페어웨이에서 그린에 접근하기 쉽도록 조성한 에이프런 지역, 그린 둘레 약 1m 정도 폭의 프린지(칼라라고도 함)와 주변 풀숲으로 구성되어 있다. 풀이 페어웨이보다 약간 짧은 에이프런 지역과 그린보다 약간 긴 프린지에 공이 놓일 때 퍼터로 홀을 공략하는 수가 있다. 이때 에이프런-프린지-그린으로 이어지는 그린 빠르기와 풀 높이가 다른 풀 위에서의 공의 구름 특성이 달라 퍼팅 거리뿐 아니라 퍼팅 방향 예측이 어려워진다.

먼저 경계선이 퍼트선에 직각인 간단한 예를 살펴보자. 에이프런에서 프린지 지역을 지나 그린에 도달하려면 두 개의 경계선을 지나야 하는데 경계선을 지날 때마다 풀의 종류도 달라지지만, 무엇보다도 지반의 높이와 풀의 길이가 달라진다. 풀이 길면 공이 잠기는 깊이도 깊어지지만 역시 풀이 길면 공이 지반으로부터 떠 있는 높이도 높아진다. 예를 들어 에이프런, 프린지, 그린(스팀프 9 기준)의 풀 높이가 16mm, 10mm, 4mm라면 공이 풀에 잠기는 깊이가[80] 대략 그 절반인 8mm, 5mm, 2mm이므로 그린에 놓인 공 기준으로 에이프런과 프린지에 떠 있는 공 높이 차이는 최소 각각 6mm와 3mm이다. 물론 에이프런과 프린지의 지반이 그린 지반보다 높은 때가 많으므로 절대적인 공 높이 차이는 이보다 훨씬 클 수 있다. 공이 에이프런-프린지-그린 경계선을 통과할 때는 역학적으로 두 가지 현상이 일어난다. 첫째는 경계선에서의 낙차로 공 속도가 순간적으로 빨라지고 둘째는 풀이 공의 구름을 방해하는 저항이 작아지므로 감속이 더디어진다. 절벽과 같은 이상적인 낙차가 있으면 공이 자유낙하를 하게 되므로 수력발전의 원리와 마찬가지로 낙차만큼의 위치에너지가 운동에너지로 변환되므로 경계선 통과 직후 공 속도가 진입 직전의 속도보다 약간 빨라지지만, 퍼트선의 방향은 그대로 유지된다. 그러나 에이프런-프린지-그린의 경계선은 절벽보다는 공이 풀을 계속 누르며 굴러내려 가는 경사면에 가까워 공이 작은 낙차가 있는 경사면을 따라 굴러내려 가면서 속도가 증가하는 현상과 비슷하다. 예를 들어 공이 1m/s의 속도로 10mm 낙차를 가진 경사면에 진입하면 공의 경사면 이탈 속도는 대략 7%인 0.07m/s만큼 빨라진다.[81] 스팀프 10인 약간 빠른 그린에서 공이 8cm 더 전진할 수 있는 속도로 매우 작은 편이다.

퍼트선이 경계선에 대해 사선(斜線)이면 경계선에서의 경사 낙차가 퍼팅 방향성에 미치는 영향을 무시할 수 없게 된다. 공이 비스듬히 경계선에 진입할 때의 공 속도 벡터는 경계선에 평행인 경계방향 성분과 직각

---

80) F. D. Werner, R. C. Greig, How Golf Clubs Really Work and How to Optimize their Designs, Origin Inc., 2000, p.158.
81) 절벽에서의 자유낙하로 계산하면 이보다 조금 큰 10% 속도 증가가 생긴다.

인 경사방향 성분으로 나뉘게 되는데 경사가 없는 방향의 경계방향 성분은 공이 경계선을 통과한 직후에도 변함이 없지만, 경사방향 성분은 앞서 설명하였듯이 작지만 경사 낙차 때문에 속도가 조금 증가하게 된다. 따라서 사선 퍼트선이 경계선과 이루는 경계선 진입각과 경계선 이탈각이 달라지므로 그 차이인 편향각만큼 퍼트선이 갑자기 꺾이게 된다. 예를 들어 낙차가 10mm인 경계선을 1m/s의 속도로 공이 45도 각도로 비스듬하게 진입한다면 진입 전 속도의 (경사방향 성분, 경계방향 성분)은 (0.71 0.71)m/s 가 되고 경사면 통과 직후 이탈 속도 성분은 (0.78 0.71)m/s가 되어 약 4도의 편향각만큼 퍼트선이 경계선 직각 방향 즉 그린 안쪽으로 꺾이게 된다. 경계선 통과 전후의 퍼트선 각도 변화는 경계선 진입 각도가 더 작아지면 조금 커지지만 이보다는 경계선 진입 때의 공 속도에 더 민감하다. 예를 들어 앞서 예에서 진입각만 30도로 작아지면 퍼트선이 그린 안쪽으로 약 6도의 편향각만큼 휘어지는 데 그치지만, 공 진입 속도가 1m/s에서 0.5m/s로 작아지면 약 11도 꺾어진다.

에이프런-프린지-그린 경계선에서의 퍼트선 꺾임 현상을 요약하면 다음과 같다.

- 퍼트선이 경계선에 대해 직각에 가까우면 퍼트선 꺾임이 거의 없다.

- 퍼트선이 경계선에 대해 비스듬하더라도 경계선 통과 공 속도가 빠르면 경계선에서의 퍼트선 꺾임이 무시할 정도로 작다.

- 경계선 통과 때 공 속도가 보통이고 퍼트선이 경계선에 대해 사선일 때는 경계선에서 그린 안쪽으로 퍼트선이 약간 꺾일 수 있다.

- 내리막이나 경사 퍼팅에서 퍼트선이 경계선에 대해 사선이고 경계선 통과 때 공 속도가 매우 느리면 경계선에서 그린 안쪽으로 퍼트선이 심하게 꺾일 수 있다.

- 경사면 낙차가 아무리 작더라도 경계선에서 공의 경사방향 속도 성분이 작으면 퍼트선이 그린 안쪽으로 꺾인다.

위에 열거한 현상은 사실 내리막 이단 그린 경계 경사면에서의 퍼팅과 유사하다. 여기서는 풀 길이가 다른 두 그린의 낙차가 10mm 내외로 매우 작을 뿐 내리막 이단 그린 경계 경사면에서 퍼트선이 꺾이는 원리와 같다.

에이프런-프린지-그린 경계선을 통과해서 퍼트하는 요령은 내리막 이단 그린에서의 퍼팅 요령과 비슷하며 요약하면 다음과 같다.

- 에이프런과 프린지의 빠르기를 대략 예측하여 그린 빠르기에 대한 비율만큼 총 유효 퍼팅 거리를 계산한다. 예를 들어 에이프런이 잘 다듬어진 페어웨이와 같다면 스팀프 5, 그린 스팀프가 10이라면 프린지는 그 중간 정도인 7로 보고 에이프런에서 프린지까지의 거리에 2를 곱하고 통과해야 할 프린지의 폭에 1.4배를 하고 프린지 경계에서 홀까지 거리에 모두 더하면 총 유효 퍼팅 거리가 계산된다. 물론 경사 보정은 따로 하고 퍼팅 속도를 정한다.

- 대략 홀까지의 퍼트선을 상상하며 프린지-그린 경계 통과 때 퍼트선의 진입각과 낙차를 따져본다. 에이프런-프린지 경계 통과 때 퍼트선의 진입각과 낙차에 따른 편향각은 프린지-그린 경계와 비교해서 경계선 통과 공 속도가 비교적 빠르므로 무시해도 좋다.

● 프린지에서 홀이 5m 이상 떨어져 있으면서 퍼트선에 내리막이 없으면 편향각을 무시하고 상상한 퍼트선에 따라 퍼트한다.

● 홀 근처 퍼트선이 내리막이더라도 프린지-그린 경계선 통과 공 속도가 빠르면 역시 편향각을 무시하고 상상한 퍼트선에 따라 퍼트한다.

● 추정한 편향각이 작지 않다면 편향각만큼 오조준하고 퍼트한다.

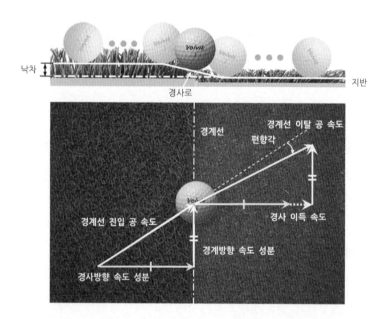

그린 주변 프린지와 그린이 맞닿는 경계선을 지나는 퍼팅에서의 공 속도 벡터 성분을 보여주고 있다. 경계선의 낙차는 풀 높이와 종류, 지반의 높이에 따라 정해지며 경계선은 절벽보다는 경사면에 가까워 공이 공기 중에서 자유 낙하를 하는 대신 이단 그린 경계의 경사면을 따라 구르는 현상과 비슷하다. 경계선 통과 때 경사방향 속도 성분만 경사에 의해 경사 이득 속도만큼 증가한다. 따라서 경계선을 통과할 때 퍼트선은 늘 그린 안쪽으로 꺾이게 된다.

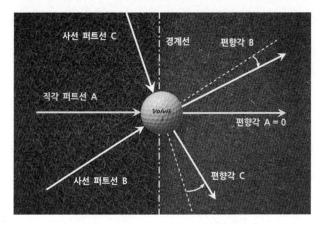

그린 주변 프린지와 그린이 맞닿는 경계선을 직각으로 지나는 퍼트선은 경계선 통과 후 방향이 꺾이지 않으나 사선으로 지나는 퍼트선은 모두 그린 안쪽으로 편향각만큼 꺾이게 된다. 편향각은 퍼트선이 경계선과 이루는 각이 작을수록, 경계선 통과 때 공 속도가 작을수록, 경계선에서의 낙차가 클수록 커진다.

* 역학 원리는 부록에 정리

3-19 골프공의 편심[*]

골프공 무게중심이 공 중심에서 벗어난 정도는 편심(eccentricity) 또는 불균형 질량(unbalance mass)으로 표시한다. 핵(core)과 표피(cover) 그리고 중간층(layer)으로 이루어지는 골프공에서 편심은 사용되는 재료의 불균일, 제조공정상의 결함 등이 주요 원인으로 실제 편심 없이 완벽하게

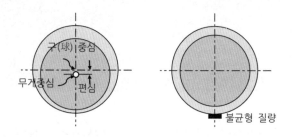

공의 무게중심과 기하학적 중심(球心)의 불일치는 제조과정에서 흔히 발생한다. (왼쪽 그림) 무게중심과 구 형상중심의 거리인 편심량 또는 (오른쪽 그림) 균형이 잘 잡힌 공의 표면에 있는 가상 불균형 질량으로 표시한다.

제조되는 골프공은 없다. 현실적으로 제조과정에서 골프공의 편심(불균형)을 완전히 없앨 수는 없지만 엄격한 품질 관리로 작게 만들 수 있다. 편심은 무게중심이 구(球)의 중심에서 벗어난 거리 단위로 표시하는데 보통 25미크론(μm) 이상이면 퍼트선에 미치는 영향을 무시할 수 없다. 또 다른 상용 단위로 골프공 불균형 질량의 단위인 'mg'을 쓰기도 하는데 골프공에서는 10미크론의 편심이 약 20mg의 불균형 질량에 해당한

다. 아래 표는 국내외에서 최근 생산되고 있는 골프공의 평균 불균형 질량 측정 사례를 보인다.[82]

제조사/모델	A사/A	A사/B	B사/A	B사/B	C사/A
불균형 질량, mg	36	46	57	98	72
편심, μm	18	23	28	49	36

편심이 있는 골프공에 클럽이 충돌하면 공 중심에 작용하는 충돌력이 공 중심에서 벗어난 무게중심에 대해서 공을 비트는 **토크 효과**(torque effect)로 충돌 직후 편심된 무게중심이 있는 쪽으로 공이 발사된다.[83] 발사 방향 오차는 그대로 퍼트선에 영향을 미쳐서 편심이 50미크론일 때 조준 오차각이 최대 0.13도까지[84] 될 수 있다. 발사된 공이 잠시 공중에 떴다가 그린 위에 착지하여 굴러갈 때는 마치 오토바이 경주 때처럼 경기자들이 트랙을 돌 때 위험하게 핸들을 돌려서 방향을 바꾸는 대신 온몸을 트랙 안쪽으로 기울여서 방향전환을 하는 효과가 발생하여 역시 진행 방향으로부터 무게중심이 치우친 쪽으로 휘어지는 퍼트선을 만드는데 이를 **자이로 모멘트에 의한 세차 운동**(gyroscopic precession) 또는 **자이로 효과**(gyroscopic moment effect)라고 한다.[85] 이때 자이로 모멘트 효과에 의한 세차운동은 편심이 크면 클수록, 편심 방향이 공 회전축 방향에 가까울수록, 공 속도가 작으면 작을수록 커진다. 따라서 공 속도가 큰 초기에

---

82) 내가 직접 수행한 제한된 샘플을 이용한 결과로 신뢰도는 높지 않다.

83) 토크 효과로 편심 공이 회전하므로 퍼트선이 회전 방향으로 휘어진다는 주장(오츠키 요시히코, 골프는 과학이다2: 어프로치와 퍼팅의 비법, 아르고나인, 2012, p.192)은 오류이다. 편심이 50미크론으로 큰 편심 공이라 하더라도 토크 효과에 의한 회전속도는 분당 6회전 정도로 매우 작고 그린에 착지한 후 횡회전은 풀의 회전 저항이 커서 금시 없어진다.

84) 퍼팅 거리 8m에서 퍼트 때 공이 홀 중심에서 2cm 벗어나는 정도이다.

85) 제3.12절 '경사면 퍼팅에서 조준법' 참조.

는 편심이 있어도 공이 비교적 똑바로 진행하지만, 공 속도가 느려질수록 세차운동이 빨라지므로 퍼트선의 휨이 커지고 급기야 거의 정지할 때는 퍼트선이 무게중심이 있는 쪽으로 급히 휘게 된다. 회전 속도가 빠를 때는 팽이의 세차 운동(팽이의 축이 수직축에 대해서 까닥거리는 원운동)이 느리지만 회전 속도가 느려지면 세차운동이 급격히 빨라지는 원리와 같다.

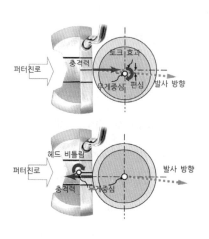

편평한 그린에서의 토크 효과:
(위 그림) 편심으로 충격력이 공의 무게중심을 지나지 않으면 토크 효과가 발생하여 공이 무게중심 쪽으로 치우쳐 발사된다. 공의 횡회전 효과는 미미하지만, 발사각은 작아도 조준 오차각이 되어 퍼트선에 그대로 반영된다.
(아래 그림) 이는 마치 빗맞은 퍼팅에서처럼 퍼터에 작용하는 충격력이 퍼터의 무게중심을 지나지 않아 퍼터 타면이 비틀리는 효과와 유사하다. 이 역시 공의 횡회전 효과는 미미하다.

1980년대 이전에는 무게가 대략 46g인 골프공의 평균 불균형 질량이 100mg으로 알려졌으나 요즘 생산되는 골프공은 제조기술 및 품질관리 기술의 향상으로 그 절반 수준으로 추정된다. 로봇 퍼터를 이용한 퍼팅 실험에서 100 mg 불균형 질량을 가진 골프공으로 4.5m 퍼트했을 때 편심 공의 세차운동으로 홀 중심에서 최대 5cm (홀 가장자리에 해당) 벗어나는 휨이 발생하는 것으로 알려졌다. 또한, 편심 공을 타구 할 때 타면 위의 타점이 공의 무게중심을 벗어나서 발생하는 토크 효과가 마치 타면 정렬불량과 유사한 효과를 내게 되어 토크 효과와 자이로 효과가 모두 작용하게 되면 최대 경사각 0.25도의 경사면 경사축 방향에서 퍼트할 때의 퍼트선 휨에 해당하여 퍼팅에 실패하기 쉽다.[86]

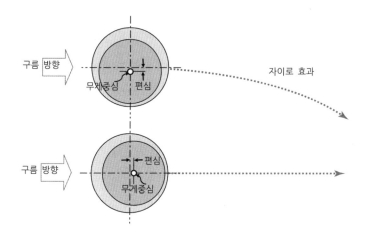

편평한 그린에서의 퍼팅:
(위 그림) 자이로 효과로 구름(퍼팅) 방향 기준으로 편심이 공 중심에서 좌우로 벗어나 있으면 퍼트선이 무게중심 쪽으로 점차 휜다.
(아래 그림) 공의 구심(球心)과 무게중심이 구름 방향에 정렬되어 있으면 토크 효과와 함께 자이로 효과도 없어져 퍼트선이 직선이 된다.

흥미로운 점은 순회전을 받고 앞으로 구르는 그린에서의 퍼팅과는 달리 퍼터가 아닌 다른 클럽(우드, 아이언이나 웨지 등)으로 그린 외 지역에서 타구 하면 비행 중 내내 공에 역회전이 걸리므로 자이로 효과가 토크 효과와 반대 방향으로 생긴다. 자이로 효과는 팽이에서처럼 회전 속도가

---

86) H. A. Templeton, Vector Putting: The Art and Science of Reading Greens and Computing Break, Vector Golf Inc., 1986, p.102-103.

작을수록 커지며 회전 속도가 빠르면 토크 효과가 지배적이다. 따라서 타구된 공의 비행 중 회전속도가 느리면 토크 효과보다는 자이로 효과가 지배하게 되어 편심 반대방향으로 탄도가 휘게 되고 회전속도가 빠르면 자이로 효과보다 토크 효과가 지배하게 되어 편심 방향으로 탄도가 휘게 된다. 예를 들어 역회전 속도가 비교적 느린 드라이버 타구에서 비거리가 200야드라면 100mg의 불균형 질량을 갖는 공의 최대 표적 방향 오차는 4야드 정도로 자이로 효과가 주 원인이며, 역회전 속도가 비교적 빠른 웨지 타구는 비거리 80야드에서 공의 최대 표적 방향 오차가 1~3야드로 토크 효과가 주 원인이 된다.[87] 역회전 속도가 비교적 빠른 짧은 아이언이나 웨지 타구에서도 불균형에 의한 공의 자이로 효과보다는 토크 효과가 클 수 있다. 불균형 공을 사용한 퍼팅에서도 순회전 속도가 느려지는 빠른 그린에서나 홀 근처에서 세차운동에 따른 궤도의 휨 현상이 뚜렷해진다.

결론적으로 되도록 불균형이 작은 고품질 공으로 경기하는 것이 좋고 X outs, 저품질(2nd line)을 사용하는 소위 저가 판촉용 로고(logo) 공이나 재생 공, 특히 풀숲에서 주운 공, 물속에서 건진 공이나 벽장에 넣어 놓은 오래된 공은 퍼팅 때 쓰지 않는 것이 현명하다.

* 역학 원리는 부록에 정리

---

87) H. A. Templeton, Vector Putting: The Art and Science of Reading Greens and Computing Break, Vector Golf Inc., 1986, p.104.

공이 프린지나 에이프런 심지어는 그린 근처 풀숲에 놓였더라도 상황에 따라 퍼팅을 시도할 때가 있다. 이때 홀컵에 꽂힌 깃대를 그대로 두고 퍼트하는 것과 빼고 퍼트하는 것 중 어느 쪽이 퍼팅 성공률에서 유리한가에 대한 논란이 분분하다. 내리막 퍼팅에서는 깃대를 그대로 두어야 공 속도가 생각보다 빠를 때라도 깃대에 부딪혀 속도를 줄여줄 수 있다거나 오르막에서는 홀을 지나칠 때면 공 속도가 급격히 떨어지니까 깃대를 빼고 퍼트할 필요가 없다거나 하는 논리도 있다.

실험 결과는 의외로 단순하다. 즉 깃대를 꽂아둔 채로 퍼트할 때의 불이익은 매우 적다. 깃대가 약간 공 쪽 또는 반대쪽으로 기울어져 있어도 유리하다. 다만 깃대가 공 쪽으로 너무 기울어져 꽂혀있으면 깃대를 빼고 퍼트하는 것이 유리하다.[88] 깃대가 공 쪽으로 너무 기울면 공 방향 깃대 앞쪽의 홀 공간이 적어져 공이 깃대에 맞더라도 제대로 홀에 들어가기 어렵기 때문이다.

결론적으로 웬만한 상황에서는 깃대를 그대로 두고 퍼트하는 것이 좋다. 비슷한 상황에서 퍼팅 대신 칩샷을 할 때도 마찬가지이다.

---

88) H. A. Templeton, Vector Putting: The Art and Science of Reading Greens and Computing Break, Vector Golf Inc., 1986, p.60. Dave Pelz, Flag In or Out, Feb. 2007, Golf Magazine, http://www.golf.com/instruction/flag-or-out. 1986년 Templeton의 실험 20년 후의 실험 결과도 놀랄 만큼 같다.

3-21 작전 지역과 경기 지역

골프 경기를 하다 보면 —퍼팅뿐 아니라 우드나 아이언 타구에서도 마찬가지로— 타구자세를 잡기 전 빈 스윙 루틴이 길고 요란하고 또 막상 타구자세를 취한 후에도 경직된 자세로 오래 버티다가 기어코 빗맞은 타구를 하는 동반자를 자주 보게 된다. 그럴수록 더 신중을 기하고 온갖 교과서적 지침을 반추하노라 해가 지는 줄 모르기도 한다. 물론 다른 동반 경기자들의 빈축도 아랑곳하지 않고 '나만 잘 치면 되지'라고 이기적으로 자위하겠지만, 인내심에 한계가 있는 동반 경기자 중에는 타구 리듬을 잃고 몹시 기분이 상할 수도 있다.

인체는 장기적 그리고 단기적 근육 기억 능력이 있다. 자전거 타기를 한번 배우면 30년 후에 다시 타더라도 처음에는 좀 어설프지만 이내 자전거 위에서 몸의 균형을 잡을 줄 알게 되는 것은 장기적 근육 기억 능력 때문이다. 단기적 근육 기억은 반감기가 12초 정도밖에 되지 않는다. 누가 팔을 꼬집었을 때 처음에는 큰 통증을 느끼지만, 그 통증이 약 **12초의 반감기**를 갖고 약화한다고 하며 그 반감기는 골프 스윙감이나 퍼팅감과 연관된 근육 운동 지각 능력의 소멸 척도로 쓰이고 있다.[89]

퍼팅을 예로 든다면 장기적과 단기적 근육 기억 능력이 모두 필요하다. 오랫동안 퍼팅감을 잊지 않고 유지할 수 있는 것은 전자 때문이며 경

---

89) D. Pelz, Dave Pelz's Putting Bible, Doubleday, 2000, p.122-126.

기 전 연습 그린에서의 퍼팅이 도움된다. 반면, 경기 중 퍼팅 직전의 빈 스윙에서 얻은 정보나 근육의 이완 감각을 실제 퍼팅에 활용할 수 있는 것은 후자 때문이다. 따라서 빈 스윙으로부터 익힌 근육 운동 감각을 70% 이상 활용하려면 빈 스윙 후 8초 이내에 퍼트해야 한다.

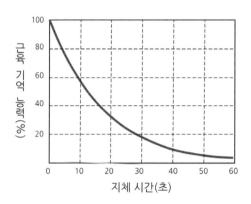

가끔 경기를 같이하는 지인 중에 빈 스윙을 하고 타구자세를 취한 후 정지 동작 상태에서 12초, 어떤 때는 15초 이상 지체한 후에 스윙하기도 하는데 대개 결과는 불 보듯 뻔하다. 이때 빈 스윙이 타구에 미친 효과는 40~50%에 지나지 않는다. 빈 스윙을 생략하고 바로 스윙하는 것과 큰 차이가 없다.

실제 야구 경기를 관전하다 보면 흔히 타자가 타석에 들어가기 전 요란한 빈 스윙으로 몸을 풀고, 타석에 들어섰을 때는 간단한 빈 스윙으로 타구감을 확인한 후에 적시에 타격하는 것을 볼 수 있다. 마찬가지로 골프에서도 타구자세에 들어가면 머뭇거리지 말고 스윙해야 한다. 스윙 방법을 포함하여 홀_공략법에 대해서는 공 후방 **작전 지역**(think zone)에서 충분히 생각한 후에 일단 야구의 타석에 해당하는 **경기 지역**(play zone)에 들어서서는 간단한 빈 스윙 후 바로 스윙 하는 것이 좋다.

빈 스윙은 나무랄 데 없이 멋있고 부드럽고 교과서적인데 막상 타구 때 스윙은 전혀 딴판인 아마추어 경기자는 경기 지역에서 작전 타임을 너무 오래 쓰는 탓이 아닐까?

퍼팅 득점(strokes gained: putting)[90] 계산법은 미국 컬럼비아 대학의 마크 브로디(Mark Broadie) 교수가 개발한 선수들의 퍼팅 실력을 평가하는 새로운 방법으로, 퍼팅 거리별 평균 퍼트 수를 대조해 누가 퍼트를 잘하는가를 측정하는 방식이다. 이 방법의 특징은 미국프로골프협회(PGA)가 IT 전문업체인 CDW 회사에서 개발한 ShotLink System을 이용하여 PGA 투어 선수들의 퍼팅 거리를 실시간으로 측정 후 습득한 데이터를 통계적으로 처리하는 것이다. 예전처럼 그린에서의 총 퍼트 수로 선수들의 퍼팅 실력을 평가하는 데는 여러 가지 모순이 따른다. 실제로 어느 선수가 PGA 투어 한 시즌 동안 참여한 대회 모두 우연히 난이도가 높은 까다로운 대회였다면 라운드(18홀 경기) 당 평균 타수로 그 선수의 기량을 평가하는 데 모순이 생긴다. 마찬가지로 그린 적중률이 떨어지는 선수는 자주 그린 가까운 곳에서 홀 가까운 곳에 쉽게 어프로치를 하게 되므로 자연 라운드당 퍼트 수가 작아져 퍼팅 실력 평가 순위가 상승하는 문제가 있다. 이를 보완하기 위해 고안한 방법이 퍼팅 거리를 고려한 퍼팅 성공률을 평가하는 것인데 이를 위해서는 실시간으로 그린에서 선수들의 퍼팅 거리를 정확히 측정하는 시스템 개발과 PGA 투어 시즌 참여 전체 선수들의 퍼팅 거리별 평균 퍼트 수에 대한 통계 수치가 제공되어야 한다. 물론 이 평가방법에도 맹점이 많다. 예를 들어 경기 당일 날씨나 그린 관

---

90) 직역하면 '퍼팅에서 얻은 타수'로 간단히 '퍼팅 득점'으로 의역했다.

리 상태는 예외로 하더라도 그린 빠르기, 경사, 퍼팅 방향과 홀 위치에 따라 퍼팅의 난이도가 다름에도 획일적으로 퍼팅 거리로만 퍼팅 난이도를 반영한다.

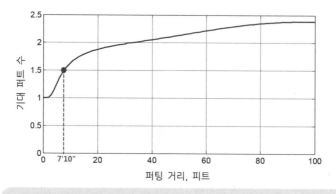

2010년 PGA 투어 선수들의 퍼팅 거리별 평균 퍼트 수를 보인다. 퍼팅 성공률이 퍼팅 거리 3피트(90cm) 이내에서는 거의 100%지만, 7피트 10인치(약 2.4m)에서는 50%에 지나지 않는다.

PGA 투어는 2015년부터 평균보다 얻거나 잃는 타수를 분석하는 퍼팅 득점 개념을 퍼팅뿐만 아니라 드라이버나 아이언 타구 등에도 적용해 좀 더 세분화한 데이터를 제공할 예정이다.

퍼팅 득점 방식에서의 계산 예를 들어보자. 퍼팅 거리 20피트(6m)에서 퍼팅에 성공하면 PGA 투어 선수 평균 퍼트 수가 1.878이므로 그 차이인 +0.878을 얻게(가점) 되고 실패하면 -0.122를 잃게(감점) 된다. 어느 선수가 18홀 경기 중 매홀 퍼팅 그린에서 얻은 가점과 감점을 합산한 퍼팅 득점이 0.8이라면 그 선수는 퍼팅에서 PGA 투어 선수 평균 기대치보다 라운드당 0.8 퍼트 수만큼 잘했다는 의미가 된다. 한 시즌 PGA 투어에서 최고 퍼팅 기량을 보이는 선수의 한 라운드당 퍼팅 득점은 최고 3점대까지 올라가지만 한 시즌 라운드당 평균은 대략 0.8점대이고 100위권 선수가 0점, 200위권 선수가 -1점대를 이루고 있다.[91] 2014-2015시즌 PGA 최고 퍼팅 실력자는 아론 배들리(Aaron Baddeley)로 라운드당 퍼팅에서 얻은 평균 타수, 즉 퍼팅 득점이 0.717이다.

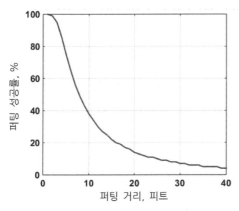

2010년 PGA 투어 선수의 기록을 통계적으로 처리한 도식으로 매년 약간씩 바뀌지만 큰 변화는 없다.

그림은 2010년 PGA 투어 선수의 평균 퍼팅 성공률을 보이는데 7.8피트(약 2.4m) 퍼팅 거리에서는 성공률이 50% 정도이지만 30피트(18m) 퍼팅 거리에서는 겨우 7%에 지나지 않을 뿐 아니라 3 퍼트할 확률도 8%나 된다. 따라서 아마추어 경기자들은 30피트(18m) 이상 되는 퍼팅 거리에서는 퍼팅을 한 번에 성공할 수 있는 대상이 아니므로 2퍼트를 목표로 홀에 붙이는 퍼팅을 시도하는 것이 좋다.

퍼팅뿐 아니라 티 구역에서 그린까지의 총 타수도 평균 기대 타수와

91) Rich Hunt, What factors are most important in Strokes Gained Putting?, Opinion & Analysis, Golfwrx, 2015.2.10. http://www.golfwrx.com/263129/what-factors-are-most-important-in-strokes-gained-putting/

비교해서 가감점을 주기도 하는데 현재 가점 2점 정도가 선두그룹을 이루고 있다. 이 외에 근접 타구에도 비슷한 평가 방법을 도입하고 있다.

한편 프로 선수가 아닌 일반 경기자의 18홀 라운드 당 퍼팅 득점 환산법은

$$(퍼팅\ 득점) = -[(핸디캡)+6] \times 0.2$$

예를 들어 핸디캡이 14인 중급자라면 $-(14+6) \times 0.2 = -4$ 가 퍼팅 득점 평가 기준이 된다. 즉 핸디캡이 14인 경기자의 퍼팅 득점 계산 결과 -4 점이면 핸디캡 14인 중급자 평균 정도의 퍼팅 실력을 발휘한 것이고 -3 점이라면 평균보다 월등히 잘했고 거꾸로 -5점이라면 평균보다 좀 못했다는 의미이다. 문제는 현재까지 PGA 투어 경기를 제외한 프로 대회는 물론 일반 경기에서 퍼팅 거리를 어떻게 일일이 실시간으로 기록하는 가이다. 열성적인 경기자라면 그린에 올린 공 위치에서 홀까지 일일이 눈대중, 보폭 또는 깃대를 이용하여 거리를 재는 방법밖에는 없다.

역학 원리

2-4 충돌효율과 퍼팅 유형[*]

정지하고 있는 골프공에 클럽 헤드가 충돌할 때 충돌인자는

$$(충돌인자)=(공\ 발사속도)/(클럽\ 헤드\ 속도)$$
$$\sim[(1+COR)\times\cos(로프트각)]/[\cos(로프트각-발사각)$$
$$+(골프공/클럽헤드\ 무게비)\times\cos(발사각)\times\cos(로프트각)]$$

로부터 정해진다. 퍼팅에서 충돌인자도 같은 공식으로부터 정해지는데 반발계수(COR)가 0.7~0.9인 다른 클럽과 달리 헤드 속도가 매우 느린 퍼팅에서는 타구 때 공의 변형이 거의 없으므로 반발계수가 1에 가깝고 로프트각과 발사각도 4도 이하로 매우 작으므로

$$(충돌인자)=(공\ 발사속도)/(클럽헤드\ 속도)\sim2/[1+(골프공/클럽헤드\ 무게비)] \quad \textbf{(A)}$$

로 단순화할 수 있다. 이때 공의 발사각도

$$(발사각)/(로프트각)\sim6/7\times[1+(골프공/퍼터\ 헤드\ 무게비)] \rangle 6/7$$

로 단순화할 수 있다. 즉 발사각은 적어도 로프트각의 86%가 된다. 보통 (골프공 무게)=46gr(1.62oz), (퍼터 헤드 무게)= 226~452gr(8~16oz)로 넓게 잡아도[1] (골프공/헤드 무게비) = 0.1~0.2 범위에 있다.

진자 퍼팅에서는 역스윙 끝에서의 퍼터 헤드 위치 에너지가 타구 직전 모두 운동 에너지로 변환되므로

$$(퍼터\ 헤드\ 질량)\times(중력\ 가속도)\times(역스윙\ 높이)$$
$$=0.5\times(퍼터\ 헤드\ 질량)\times(퍼터\ 헤드\ 속도)^2$$

---

1) 보통 퍼터 헤드 질량은 295~420gr(평균 340gr) 범위에 있다.

가 되고 앞서 충돌 인자 (A)식을 활용하면

(공 발사속도)
$= 2 \times [2 \times (\text{중력 가속도}) \times (\text{역스윙 높이})]^{0.5} \times (\text{퍼터 헤드 질량}) / [(\text{공 질량}) + (\text{퍼터 헤드 질량})]$

따라서 역스윙 높이(또는 폭)를 적절히 조절해서 공 발사속도를 조정할 수 있다. 위 식에서 중력 가속도는 일정하므로 역스윙에서의 퍼터 헤드 높이, 즉 퍼터 헤드 속도가 정해지면

(공 발사속도) $\propto$ (퍼터 헤드 질량) / [(공 질량) + (퍼터 헤드 질량)]   **(B)**

가 된다. 여기서 유의할 점은 퍼터 헤드 무게를 늘리면 타구 순간 그만큼 더 큰 운동량(헤드 질량과 속도의 곱)으로 공에 충돌하지만, 실제 공에 전달되는 운동량 즉 공의 발사속도는 예상외로 크게 늘지 않는다.

힘 퍼팅에서는 퍼터 손잡이를 꽉 쥐고 힘으로 퍼트하게 되어 골프공과 충돌 전까지 퍼터 헤드에 주어지는 일(힘과 스윙 폭의 곱)이 모두 운동에너지로 변환되므로

(힘) $\times$ (역스윙 폭) $= 0.5 \times$ (퍼터 헤드 질량) $\times$ (퍼터 헤드 속도)$^{0.5}$

앞서 충돌인자 식(A)를 활용하면

(공 발사속도) $= 2 \times [2 \times (\text{힘}) \times (\text{역스윙 폭}) \times (\text{퍼터 헤드 질량})]^{0.5} / [(\text{공 질량}) + (\text{퍼터 헤드 질량})]$

즉 힘과 역스윙 거리가 정해지면

(공 발사속도) $\propto$ (퍼터 헤드 질량)$^{0.5}$ / [(공 질량) + (퍼터 헤드 질량)]   **(C)**

가 된다. 즉 힘 퍼팅에서는 퍼터 헤드가 무거워지면 같은 역스윙 폭에 대

해 같은 힘이 작용할 때 가속도가 작아지므로 타구 직전 퍼터 헤드 속도 감소에 따른 운동량 감소 효과가 퍼터 헤드 무게 증가에 따른 운동량 증가 효과보다 커져서 공 발사속도가 서서히 감소한다.

이제 퍼터 헤드 무게가 비교적 가벼운 300gr인 퍼터를 사용하던 어떤 경기자가 퍼터 헤드만의 무게를 바꾼 후 전과 똑같은 그린 속도에서 똑같은 방법으로 퍼트한다면 공 속도가 느려지는가 빨라지는가의 문제를 생각해보자. 아래 그림은 (B)와 (C)식을 비교한 것으로 350gr에서 500gr으로 퍼터 헤드 무게를 늘리면 진자 퍼팅의 공 속도는 1.05로 약 5% 정도 공 속도가 커지게 되지만 힘 퍼팅의 공 속도는 0.90으로 오히려 약 10% 정도 공 속도가 줄게 된다. 퍼터 헤드 무게를 줄이면 이론적으로는 반대 현상이 나타난다.

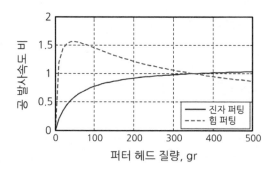

편의상 퍼터 헤드 무게가 350gr일 때를 기준으로 진자 퍼팅과 힘 퍼팅에서 경기자가 느끼는 공 속도 변화를 보였다. 1보다 큰 값은 홀을 지나치고, 작은 값은 홀에 미치지 못하게 된다. 여기서는 퍼터 헤드 무게만 바뀔 뿐, 그린 속도, 역스윙 폭 등은 변하지 않는다고 가정하였다.

3-2 잔디 조건과 빠르기*

같은 퍼팅 속도로 퍼트할 때 오르막 경사 그린보다는 내리막 경사
그린에서 퍼팅 거리가 당연히 멀어지게 되므로 경사를 고려한 유효
스팀프식은 대략[2]

(경사 그린 유효 스팀프) = (경사 보정 인자)(평지 그린 스팀프)
(경사 보정 인자)~1/[1+0.2x(경사각, 도)]

이 된다. 예를 들어 스팀프 9 정도인 그린의 5도 오르막 경사에서는 유
효 스팀프가 절반으로 떨어지지만, 내리막 경사각이 2.5도만 되어도
유효 스팀프가 두 배가 되어 스팀프 퍼팅 때 평지보다 퍼팅 거리가 두
배가 되고, 5도 이상이면 유효 스팀프가 극단적으로 무한대에 근접하
게 되어 공을 세울 수 없게 된다. 스팀프 13인 '오거스타 빠르기(Augusta
fast)' 정도의 예외적으로 빠른 그린에서는 내리막 경사가 3.5도 이상이면
유효 스팀프가 무한대가 되어 아무리 가볍게 퍼트하더라도 경사면에 공
을 정지시킬 수 없다.[3]

---

2) 스팀프 지수 9를 기준으로 한 근사식으로 엄밀한 식은 이종원, 골프 역학 역학 골프, 청문
각, 2009, 제5.3.4절 '그린 운동학' 참조.

3) USGA에서는 경사 그린 상에서 깃대를 꽂을 수 있는 위치는 어느 방향으로부터 퍼트하더
라도 최소한 공을 홀 근처에 세울 수 있는 위치로 제한하고 있다. Jerry Lemons, Putting
Green Speeds, Slopes, and Non-Conforming Hole Locations, USGA Green Section
Records, July/August, 2008 참조. 자세한 역학 원리는 이종원, 골프 역학 역학 골프, 청문
각, 2009, 제5.3.4절 '그린 운동학' 참조.

3-3 발사각과 역회전[*]

　퍼팅 속도는 드라이버나 아이언 타구 속도와 비교해서 10배 이상 느리므로 퍼터 타면과 공이 충돌할 때 공의 변형이 우드나 아이언 타구와 달리 거의 무시할 만큼 작다. 또, 우드나 아이언에서는 USGA의 규제 때문에 반발계수(COR)가 0.83 이하로 제한되지만, 퍼터는 예외로 취급되므로 퍼터의 반발계수는 거의 1에 가깝게 제조되고 있다.[4] 퍼팅에서 로프트각과 공 발사각의 관계를[5] 근사화하면

　(공 발사각)/(퍼터 로프트각) ~ 0.86x[1+(공 무게)/(퍼터 헤드 무게)]

예를 들어 퍼터 헤드 무게가 300gr 정도인 풀잎형(blade type) 퍼터에서는 공 발사각이 퍼터 로프트각에 근접하나 요즘처럼 퍼터 헤드가 300gr보다 훨씬 무겁게 되면 공 발사각은 퍼터 로프트각의 86%에 그친다. 다만 인서트 등 타구감을 부드럽게 하기 위한 소재로 타면을 마감 처리한 퍼터의 반발계수는 1보다 작아서 공 발사각이 이보다 조금 작아질 수 있다.

　타면은 조준선에 대해 정렬(square)되어 있지만, 퍼터진로가 조준선에서 벗어난 퍼터진로 정렬불량에서는 조준선과 퍼터진로가 이루는 각이 페이스각이 되고 이는 수평면에서의 로프트각에 해당하므로 조준 오차각은

　(조준 오차각)/(퍼터진로 정렬불량각) 〈 0.14

즉, 퍼터진로 정렬불량이 조준 정확도에 미치는 영향은 14% 미만이 된다.[6]

---

4) 반발계수는 충돌속도가 작을수록 더 커진다.

5) T. P. Jorgensen, The Physics of Golf, 2nd ed., Springer-Verlag, 1999, p.146 참조.; 이종원, 골프 역학 역학 골프, 청문각, 2009, 제2.3.3절 '골프공의 발사각과 발사속도' 참조.

6) 경험치로 17%를 제시하기도 한다. D.Pelz,Dave Pelz's Putting Bible, Doubleday, 2000, p.72.

한편, 타면 정렬불량 때는 타면 정렬불량각이 페이스각에, 조준 오차각이 공 발사각에 해당하므로

$$(\text{조준 오차각}) / (\text{타면 정렬불량각}) > 0.86$$

이 된다. 즉, 타면 정렬불량이 퍼팅 정확도에 미치는 영향은 최소 86%나 된다.[7]

한편, 역회전 또는 횡회전은 퍼터진로에 대해 퍼터 타면 방향이 만드는 각도에 비례하여 생기며 퍼터 헤드 질량이 360gr인 표준 퍼터에 대한 근사식은[8]

$$(\text{역회전, rpm}) \sim 7 \times (\text{퍼팅 속도, m/s}) \times (\text{퍼터 로프트각, 도})$$
$$(\text{횡회전, rpm}) \sim 7 \times (\text{퍼팅 속도, m/s}) \times (\text{타면 방향과 퍼터진로 차이각, 도})$$

예를 들어 로프트각 4도인 표준 퍼터로 퍼팅 속도 1.5m/s(대략 3~4m 퍼팅 거리에 해당)로 퍼트하면 타구 순간 공에 걸리는 역회전 속도는 분당 46회전으로 매우 작은 편이다. 이때 퍼터 타면 방향과 퍼터진로 방향 차이가 2도라면 횡회전 속도는 분당 24회전으로 더 작아진다.

3-4 퍼팅과 공 운동[*]

공 속도가 빠를 때는 공이 그린 잔디를 살짝 누르면서 지나가므로 구름마찰력이 작지만, 속도가 떨어지면 그린 잔디를 자중으로 더 누르게 되어 마찰력이 커진다. 이는 속도가 빠른 스키는 눈 표면에 남기는 자국,

---

7) 경험치로 83%를 제시하기도 한다. D. Pelz, Dave Pelz's Putting Bible, Doubleday, 2000, p.86.
8) 로프트각이 작을 때에 대해 간략화한 계산식으로 이종원, 골프역학 역학골프, 청문각, 2009, p.205 참조.

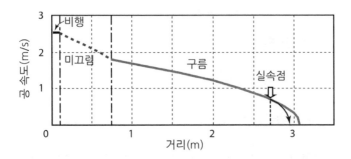

그래프 내 라벨: 비행 / 미끄럼 / 구름 / 실속점

y축: 볼속도(m/s), x축: 거리(m)

퍼팅 거리에 따른 공 속도의 변화가 자세히 보인다. 초기 공중 비행과 미끄럼 운동을 한 후 순 구름 운동으로 마무리한다. 다만, 정지하기 직전에는 화살표를 따라 급격히 실속하며 공의 운동이 불안정해진다.

즉 눈의 마찰이 작아서 가속이 쉽지만, 속도가 느려지면 스키 자국이 깊어져 눈의 마찰이 커지므로 급격히 감속하는 원리와 비슷하다. 대체로 공이 정지하기 전 30cm 구간이 실속 지역(decay region)에 해당하며 이 구간에서 공이 지면에 가라앉으면서 급격히 속도가 떨어지므로 퍼트선의 휨도 커지고 지면에 남겨진 신발 자국, 공 자국, 지푸라기나 낙엽 조각, 볼 마크 등 불규칙한 그린 상태에 민감하게 반응한다.[9] 따라서 홀을 최소 30cm 정도 지나도록 퍼트하는 것이 중력 퍼팅보다 좋다. 다만, 그린이 매우 빠르면 그린의 풀 높이도 짧아지므로 실속 지역도 무시할 만큼 줄어든다.

3-7 퍼팅 속도와 성공률*

왜 하필이면 홀을 30~45cm 지날 정도의 퍼팅 속도가 바람직한가는

---

9) H. A. Templeton, Vector Putting: The Art and Science of Reading Greens and Computing Break, Vector Golf Inc., 1986, Chapter 5: Terminal Velocity.

경험적으로 45cm 이내 퍼팅 거리에서 다음 퍼팅 성공률이 매우 높기 때문이기도 하지만 이를 역학적으로 해석하면 다음과 같다.

선 속도(흔히 속도라고 부름)를 가지고 움직이는 물체는 속도 방향으로 (질량)x(선 속도)의 선 운동량(linear momentum)을 갖게 되는데 외부에서 물체에 힘이 가해지지 않는 한 물체의 운동 중 선 운동량은 변하지 않는다. 골프공처럼 질량이 일정한 물체에서는 선 운동량은 단순히 속도에 비례하므로 외부에서 골프공에 힘이 가해져야 공 속도의 방향이나 크기가 변하게 된다. 마찬가지로, 회전속도를 가지고 회전하는 물체는 회전축 방향으로 (관성모멘트)x(회전(각) 속도)의 각 운동량(angular momentum)을 갖게 되는데 관성모멘트가[10] 일정한 골프공은 각 운동량 역시 단순히 회전속도에 비례하게 되고 외부에서 토크가 가해지지 않는 한 회전속도의 방향과 크기가 변하지 않는다.

아래 그림은 평지 그린 퍼팅에서 시간에 따른 공의 선 속도 변화를 보인다. 여기서 퍼팅 초기에 가파르게 공의 선 속도가 감소하는 구간은 공이 구름 동반 미끄럼 운동을 하는 구간으로 미끄럼 마찰에[11] 의한 저항력이 커서 속도가 급격히 감속하게 된다. 공의 선 속도가 대략 발사속도의 5/7로 감소하는 순간, 공은 순 구름 운동으로 전환하면서 구름 마찰에[12] 의한 비교적 작은 저항력을 받아 정지할 때까지 선 속도가 서서히 감속하게 되는데, 이 구간에서는 공의 회전속도는 공의 선 속도에 비례하여 감소한다.

---

10) 골프공의 관성모멘트는 질량에 비례한다.
11) 이와 관련된 마찰계수를 공학 용어로 동 마찰계수라고 부른다.
12) 이와 관련된 마찰계수를 공학 용어로 구름 마찰계수라고 부른다.

따라서 보통 홀 근처를 지나는 공은 각 운동량이 선 운동량에 비례하므로 선 운동량의 변화만으로도 공의 운동상태를 묘사할 수 있다. 그림에 예시한 대로 (퍼팅 거리)가 (정지 거리)보다 작을 때는 공이 홀에 들어가거나 지나가게 되고, 그렇지 않으면 공이 홀에 미치지 못하고 정지하게 된다.

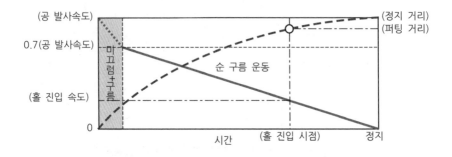

퍼팅에서 공 속도 변화:
퍼팅 초기에는 공이 역회전 때문에 구름 동반 미끄럼 운동을 하므로 큰 미끄럼 마찰력 때문에 공 감가속도(속도 감소율)가 비교적 크다. 공 속도가 발사속도의 5/7(약 70%)로 줄게 되면 순 구름 운동으로 전환하고 그 이후는 작은 구름 마찰력에 의해서 공 감가속도가 현저히 줄어든다. 이 공 속도 선도를 적분하면 공이 이동하는 거리가 되며 홀이 위치한 곳에 도달할 때의 공 속도는 홀 진입 속도가 된다. 공 속도가 발사속도의 5/7가 되는 순간, 감가속도가 급격하게 변하므로 이때 순간적으로 공이 멈칫했다가 감속되는 것처럼 느껴질 수 있다. 여기에서는 편의상 공의 초기 공중 비행 운동은 생략했다.

그림에서 보이는 바와 같이 퍼트한 공이 홀에 들어가는 데 직접적인 영향을 주는 물리량은 공의 선 운동량이 되는데, 이 선 운동량은 공 속도에 비례하므로 방향을 고려한 공 속도로 이해해도 무방하다. 예를 들어, 공이 홀을 향해 움직일 때 공 속도는 퍼트선을 따라 초기에는 큰 미끄럼 마찰력, 그 이후에는 작은 구름 마찰력에 의한 저항으로 감소하게 되는데, 마찰력 이외에도 공 속도의 추가 감소나 방향의 변화에 영향을 미치는 많은 요인이 있다. 지푸라기나 작은 모래알 등의 이물질, 그린 잔디의 관리 상태, 또는 앞선 경기자들의 발자국에 의해서 생성되는 불규칙한 그린 표면과[13] 그린 경사, 또는 바람, 잔디의 습기 등 환경적인 영향에 의해서 공이 정상적인 직선 퍼트선에서 벗어나는 수가 많다. 이러한 예상하기 힘든 불규칙한 외부적인 변수로 공 속도의 크기와 방향이 불규칙하게 바뀌게 된다.[14] 이때 공 속도가 느릴 때가 빠를 때보다 같은 외부적인 변수에 대해 절대 속도 변화량은 같지만, 상대 속도 변화율이 높아서 공의 방향성이 훨씬 나빠진다. 자전거를 탈 때도 유사한 경험을 하게 되는데, 자전거 속도가 어느 정도 빠르면 자전거가 안정되지만, 너무 느려지면 매우 불안정해지는 이치와도 일맥상통한다. 대부분의 프로 선수는 짧은 거리 퍼팅이라도 중력을 이용하여 홀에 아슬아슬하게 떨어뜨리는 짜릿한 중력 퍼팅보다는 홀의 뒤편을 치는 강한 장전 퍼팅으로 퍼트선의 안정성 즉 방향성을 개선하여 성공률을 높인다. 즉 공이 충분한 속도로 홀에 진입하여야 홀 주위의 예측하기 어려운 외부적인 변수가 퍼팅 결과에 미치는 불확실성을 낮출 수 있다. 역설적이지만 가끔은 잘못 퍼트한 느린 속도의 공이 홀 주위의 불규칙한 그린 상태 덕분에 홀 안으로 들어가는 뜻밖의 행운을 가져올 수도 있다.

---

13) 이 중에서도 특히 앞선 경기자들의 발에 밟혀 홀 주위에 생기는 환형 둔덕(lumpy donut)은 속도가 느린 공의 퍼팅 성공률에 나쁜 영향을 준다.
14) 뉴턴의 제2 운동법칙으로 외력은 운동량의 변화와 같다.

3-9 경사 읽기(1): 눈대중법*

공-홀선이 낙하선과 일치하지 않고 일정 각을 이루면 삼각함수를 이용해서 추정한 낙하선의 경사로부터 공-홀선 기준으로 횡경사를 정확히 계산할 수 있다. 즉 공-홀선이 낙하선 경사 낮은 방향에서 벗어난 각도를 퍼팅각이라 하면 공-홀선 기준 횡경사는

(횡경사)=(낙하선 경사)×{sin(퍼팅각)}

예를 들어 낙하선 경사도가 4%인데 퍼팅각이 30, 45, 60도이면 sin(30도), sin(45도), sin(60도) 값이 각각 0.5, 0.71, 0.86이므로 공-홀선 기준 횡경사도는 각각 2%, 2.8%, 3.4%가 된다. 퍼팅각이 0도이면 낙하선 위에서 오르막 퍼팅이 되므로 횡경사를 고려할 필요 없이 퍼트하면 되고 퍼팅각이 90도이면 낙하선에 직각인 경사축에서 퍼트하게 되므로 공-홀선 기준 횡경사가 바로 낙하선의 경사와 일치하면서 퍼트선의 휜 정도가 최대값에 근접한다.

3-11 내리막 퍼팅 성공률이 더 높다?*

경사각 2.5~3.5도의 그린에서 평지처럼 퍼트하면 오르막 직선 퍼팅에서는 퍼팅 거리가 반에 못 미치고, 내리막 직선 퍼팅에서는 홀을 지나쳐 같은 퍼팅 거리의 오르막 퍼팅 상황이 된다. 이를 수식을 이용해서 설명하면 스팀프 9인 조금 빠른 골프장에서는[15]

(경사 보정인자) ~ 1/[1+0.2×(경사각, 도)]

---

15) 오르막 경사각은 양수, 내리막 경사각은 음수를 대입한다.

이므로 경사각이 3도일 때 오르막 직선 퍼팅에서의 그린 빠르기는 60%로 주는 대신 내리막 경사에서는 그린 빠르기가 2.5배로 는다. 즉 낙하선 위의 오르막 퍼팅에서는 퍼팅 거리를 평지 기준 실제 홀까지 거리의 1.6배로 멀게 봐야 하고 내리막 퍼팅에서는 절반 못 미치는 가까운 거리에 홀이 있다고 가정하고 퍼트해야 거리가 맞다.

3-12 경사면 퍼팅에서 조준법[*]

아래 그림에서 공-홀선과 낙하선이 직각을 이루는 A점, 즉 퍼팅각이 90도인 경사축에서 퍼팅할 때 홀 중심에서 낙하선 경사 높은 쪽의 조준점까지 거리인 조준점 거리는

(조준점 거리, 인치)=(중력 인자)(경사도, %)(퍼팅 거리, 보폭 수)

로 주어진다. 여기서 중력 인자는 다시 그린 빠르기, 경사도, 퍼팅각 및 퍼팅 거리에 따라 달라지는 좀 복잡한 식으로 표현된다. 즉

(중력 인자)=C1(그린 빠르기){1+C2(그린 빠르기)}
x{1+C3(경사도)}{1+C4(퍼팅 거리)}{1+C5(퍼팅각-90)}

다행히도 여기서 비례상수인 C2, C3, C4가 1보다 매우 작은 상수이므로 무시하면 퍼팅각 90도인 A점에서는

(중력 인자)~ C1(그린 빠르기)~(스팀프)/8

가 되고 보통 퍼팅 거리가 조준점 거리보다 훨씬 멀기 때문에 경사축 위 A점에서 퍼팅할 때의 최종 관계식인

(조준점 거리, 인치)~(휜 거리, 인치)

= (경사도, %)(퍼팅 거리, 보폭 수)(스팀프/8)

가 유도된다. 여기서 휜 거리는 홀 중심에서 조준선까지의 거리이다.

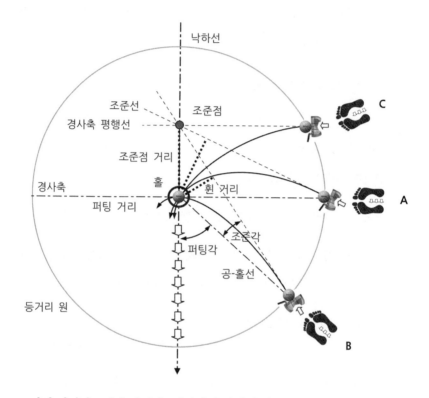

퍼팅 거리가 A점과 같지만, 퍼팅각이 직각이 아닌 B점에서의 휜 거리는 홀 중심에서 낙하선 경사 높은 쪽 조준점과 공을 연결하는 직선인 조준선까지의 거리가 되므로 퍼팅 거리가 휜 거리(또는 조준점 거리)보다 훨씬 멀고 공-홀선과 조준선이 이루는 각을 조준각이라고 하면

$$(\text{휜 거리}) = (\text{조준점 거리}) \times \sin(\text{퍼팅각}) = (\text{퍼팅 거리}) \times (\text{조준각})$$
$$= (\text{중력 인자}) \times (\text{퍼팅 거리}) \times [(\text{낙하선 경사각}) \times \sin(\text{퍼팅각})]$$
$$= (\text{중력 인자}) \times (\text{퍼팅 거리}) \times [\text{공-홀선 기준 횡경사각}]$$

가 되어 공-홀선이 낙하선과 직각을 이루는 A점에서의 공식과 같아진다. 다만, 횡경사도를 읽는 방법이 경사축에서 공-홀선 기준으로 일반화될 뿐이다. 예를 들어 낙하선의 경사도가 4%일 때 공-홀선과 경사축이 일치하는 A점에서는 공-홀선 기준 횡경사도가 그대로 4%이므로 손가락 4개를 펴서 조준점을 직접 찾지만, 퍼팅각이 30도인 B점에서 공-홀선 양쪽에 발을 디디고 서서 횡경사도를 읽게 되면 횡경사도가 2%가 되므로 손가락 2개를 펼쳐서 조준점 대신 조준각으로 조준점을 지나는 조준선 위의 가상 홀을 찾으면 된다. 이때 퍼팅각에 따라 기준이 되는 손가락 개수는 달라지지만, 조준점은 변하지 않는다. 즉 그림에서 A, B, C점에서 모두 같은 조준점을 향해 퍼트하면 되므로 공-홀선 기준으로 횡경사각을 읽기가 어려우면 번잡하지만 낙하선에 직각인 A점을 찾아 우선 조준점을 정한 후 B나 C점 등 공이 놓인 위치에서 그 조준점을 향해 퍼트하면 된다.

퍼팅 거리가 조준점 거리와 비교해서 멀지 않을 때는 위 식에 약간의 오차가 발생한다. 퍼팅 거리만 가까운 것이 아니고 그린이 매우 빠르다거나 홀 주위 경사가 매우 급한 때에 해당한다. 예를 들어 그림에서 보았듯이 휨 즉 휜 거리가 가장 큰 퍼팅 방향은 퍼팅각이 90도인 A점이 아니고 조준선이 경사축과 평행인 C점으로 휜 거리가 조준점 거리와 같아진다. 퍼트선 휨이 가장 큰 C점은 경사각이 90보다 큰, 경사축보다 경사 높은 쪽에 있다.

퍼팅각이 90도가 아닐 때 조준점 정하는 방법의 정확성을 높이려면
원래의 중력 인자 식인

(중력 인자) = (퍼팅각 90도에서의 중력 인자)x{1+C5(퍼팅각−90)}

를 이용해야 한다. 퍼팅각 90도 기준으로 정한 조준점 거리에 퍼팅각이
90도에서 많이 벗어난 심한 오르막 곡선 퍼팅에서는 일정 거리(10% 내
외)를 빼주고 심한 내리막 곡선 퍼팅에서는 일정 거리(20% 내외)를 더해
서 조준점 거리를 재조정해야 한다. 재조정 거리가 다른 이유는 같은 조
건에서 내리막 곡선 퍼팅이 오르막 곡선 퍼팅보다 퍼트선 휨이 예상보다
크기 때문이다.

3-13 동반자나 홀을 지나친 퍼팅에서 배우는 경사면 퍼트[*]

앞서 설명한 중력 인자 식에서 그린 빠르기와 경사도가 같고 1보다 작
은 C2와 C3를 무시하면

(중력 인자)=C1(그린 빠르기){1+C4(퍼팅 거리)}

가 되므로

(휜 거리, 인치)= (경사도, %){1+C4(퍼팅 거리)}(퍼팅 거리, 보폭 수)(스팀프/8)
(조준각) = (휜 거리, 인치)/ (퍼팅 거리, 보폭 수) ∝ {1+C4(퍼팅 거리)}

이 된다. 여기서 C4는 음(−)의 상수가 되어 엄밀하게 따지면 퍼팅 거리가 가
까울수록 조준각이 작아진다. 예를 들어 멀리서는 손가락 3개를 세우고 조
준점을 찾았다면 홀에 가까이 있을 때는 손가락 2개만을 이용해서 조준해

야 한다. 즉 퍼팅 거리에 비례해서 휜 거리가 비례해서 정해지지 않고 가까운 퍼팅 거리에서는 이보다 약간 더 작은 휜 거리의 퍼트선이 된다는 뜻이다. 아래 표는 대략 손가락 3개를 이용해서 조준점을 찾을 때의 예상 휜 거리와 실제 휜 거리를 비교하고 있는데 퍼팅 거리가 멀면 그 차이가 거의 없으나 퍼팅 거리가 가까울수록 손가락을 이용한 조준법을 이용할 때 프로 사이드(홀 경사 높은 쪽)로 퍼트선이 그려질 확률이 높음을 알 수 있다.

경사도 3% 스팀프 8.5에서의 휜 거리[16)]

퍼팅 거리(보폭, 75cm)	1	2	3	4	5	6	7	8	9	10
휜 거리(실제, 인치)	2	5	9	11	15	18	22	26	29	33
휜 거리(손가락 3개로 추정)*	3	7	10	13	17	20	23	26	30	33

* 편의상(퍼팅 보폭 거리)에 3.3을 곱한 후 반올림해서 계산한 휜 거리임

3-18 그린 주변에서 퍼팅 방향 예측 요령*

낙차가 작은 완만한 경사면 경계에 공이 직각으로 미끄럼 없이 굴러 진입할 때 에너지 손실을 무시하면 경사면 진입과 이탈 시의 에너지가 같아야 하므로[17)]

경사 진입 시 공의 에너지: (선 운동에너지)+(회전 운동에너지)+(위치 에너지)
경사 이탈 시 공의 에너지: = (선 운동에너지)+(회전 운동에너지)

한편 공이 경사면에서 미끄럼이 없이 구르는 조건인

---

16) H. A. Templeton, Vector Putting: The Art and Science of Reading Greens and Computing Break, Vector Golf Inc., 1986, p.183에서 발췌.

17) 오츠키 요시히코, 골프는 과학이다 2: 어프로치와 퍼팅의 비법, 아르고나인, 2012, p.178-186에서는 역학 원리의 제시 없이 현상만 설명하고 있다.

$$(공 \ 선 \ 속도) = (공 \ 반지름) \times (공 \ 회전속도)$$

를 에너지 식에 대입하여 정리하면

$$(경사면 \ 이탈 \ 속도 \ 증가비)$$
$$\sim 5/7 \times (중력 \ 가속도) \times (낙차)/(경사면 \ 진입 \ 속도)^2$$

즉 경사면 공 이탈 속도의 경사 방향 성분 증가비는 낙차에는 단순 비례 증가하는 대신 공 진입 속도의 경사 방향 성분의 제곱에 반비례하므로 공 진입 속도의 경사 방향 성분이 작아지면 급격히 커진다.

낙차는 없고 구름 마찰 계수만 다른 두 잔디의 경계를 통과하는 모형이나 공 속도가 작을 때 낙차가 있는 절벽에서 공이 서서히 기울어 떨어지는 모형으로 경계에서 퍼트선이 꺾이는 현상을 설명할 수도 있으나 수식 전개가 너무 복잡하고 또 실제 특성이 다른 두 잔디 경계에서 낙차가 없다거나 있어도 경사가 아닌 깎아지른 절벽이라는 가정에 무리가 많다.

3-19 골프공의 편심*

골프공의 편심 또는 불균형 질량을 쉽게 찾는 방법으로는 소금물을 이용하는 방법이 몇 가지 있다. 골프공의 비중은 약 1.1이므로 물을 채운 비커에 공을 넣으면 당연히 가라앉는다. 소금의 비중은 2.16이므로 물을 채운 비커에 소금을 넣을수록 소금물의 비중이 1보다 커진다. 바닷물의 평균 비중이 1.03이므로 바닷물보다 더 짜게 소금을 넣어 비중이 1.1에 가까워지면 비커 바닥에 가라앉았던 골프공이 위로 뜨기 시작한다. 골프

공이 소금물 표면 위로 막 떠오를 때 소금 넣기를 중단하고 세탁용 세제를 약간 첨가하면 소금물의 표면장력이 작아져 골프공이 소금물에 떠서 자유롭게 회전하도록 돕는다.

1. 가장 간단한 방법으로 물 위로 나온 골프공 맨 위(A)를 유성 펜으로 점을 찍어 표시한다. 골프공을 이리저리 굴리다 놓아주었을 때 점을 찍은 부분(A)이 맨 위로 다시 떠오르면 점을 찍은 쪽 반대편(B)으로 무게중심이 편심(e)되어 있다는 증거이다. 편심이 매우 작으면 중력 효과가 표면장력 효과를 이기지 못해 매번 골프공을 굴리다 놓아줄 때 수면 맨 위로 떠오르는 점이 다를 수 있다. 이 방법은 편심이 작아서 무시할 수 있는지 아닌지 분별할 수는 있고 편심의 방향은 알 수 있지만 편심량을 알 수는 없다. 골프공을 고속으로 회전시켜서 원심력으로 골프공의 편심이 놓인 평면을 찾는 장치도 편심량을 수치로 알려주지 못한다.[18]

2. 두 번째 방법은 앞서 점을 찍은 곳(A)에 일정량의 불균형 질량, 예를 들어 50mg의 납 테이프 조각을 붙인 후 다시 소금물에 띄웠을 때 점을 찍은 부분(A)이 다시 위로 뜨면 골프공의 불균형 질량이 50mg보다 크고 점을 찍은 부분이 반대편(B)인 아래로 뒤집히면 50mg보다 작다는 것을 확인할 수 있다.

3. 세 번째 방법은 잘 알려진 영향계수법의 응용으로 좀 복잡하지만

---

18) 휴대용 장치로 약 10,000rpm으로 회전하는 축에 공을 올려놓고 편심된 공의 원심력을이용하여 편심 평면을 찾는 Check-Go라는 상품이 한 때 유행한 적이 있다.

편심량이나 불균형 질량을 비교적 정확하게 측정할 수 있다. 두 번째 방법과 다른 점은 시도 질량(trial mass)이라고 불리는 적정 질량($\Delta m'$)의 납 테이프 조각을 점을 찍은 부분(A)에서 대략 90도 정도 떨어진 임의의 위치(C)에 붙인 후 소금물에 띄우고 다시 수면 위로 솟아오른 골프공의 맨 위 위치(A')를 유성 펜으로 구별해서 표시한다. 이때 A'-A-C를 잇는 원호는 같은 자오선 위에 놓이게 되며 B'-B의 원호각과 B'-C의 원호각을 각각 A_1과 A_2라 할 때 불균형 질량과 시도 질량의 공 중심 O에 대한 모멘트 평형식을 이용하여 골프공의 불균형 질량(Δm)을 구할 수 있다. 즉

$$(\text{불균형 질량, } \Delta m) = (\text{시도 질량, } \Delta m') \times \sin A_2 / \sin A_1$$

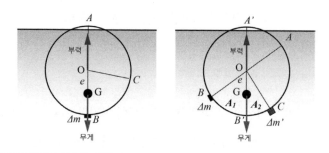

(왼쪽 그림) 불균형 질량(Δm)이 있는 골프공을 소금물에 띄우면 무거운 쪽(B)이 아래쪽으로 가라앉고 가벼운 쪽(A)이 물 위로 오른다. A로부터 충분히 떨어진 곳 C에 시도 질량($\Delta m'$)을 붙이면
(오른쪽 그림) 공이 회전하여 무거운 쪽과 가벼운 쪽이 각각 B'과 A'으로 바뀐다. 이때 B-B'과 B'-C의 원호각 A1과 A2 측정으로 미지 변수인 불균형 질량(Δm)을 계산할 수 있다. 이 방법은 구조역학에서 잘 알려진 영향계수법을 응용한 것이다. 여기서 편심(e)된 공 무게중심 G에 아래로 작용하는 공의 무게는 공이 소금물로부터 위쪽으로 받는 부력과 평형을 이루고 불균형 질량 Δm과 시도 질량 $\Delta m'$이 공 중심 O에 대해서 모멘트 평형을 이룬다.

178

실제 측정 예로 시도 질량(납 테이프 조각) 130mg을 C 위치에 붙였을 때 위로 떠오른 점이 처음 A에서 A'으로 이동했다.

이종원(李鍾元)

　서울대학교 공과대학 기계공학과에서 학사 및 석사 과정을 마치고, 육군사관학교 기계공학과 전임강사로 군 복무 후, 미국 예일대학교에서 응용역학 석사, 캘리포니아 버클리 대학에서 기계공학 박사 학위를 받았다.

　박사학위 후 KAIST 기계공학과에서 교수로 재직하면서, 진동, 신호처리, 제어 분야 연구 및 교육에 주력하였으며, 회전체 동역학과 진동제어 분야에 많은 연구 업적을 쌓았다. 전공 저서로는 『Vibration Analysis of Rotors』(Kluwer Academic Publishers, 1993)가 있으며 2007년 제7회 한국공학상(기계, 재료 분야)을 받았으며, 한국과학기술한림원 종신회원, 한국공학한림원의 원로회원, 미국기계학회의 펠로우, 국제음향진동학회의 명예 펠로우이다.

　2013년 정년 퇴임 후 KAIST 명예교수로 기계공학과에서 〈스포츠 역학〉과목을 개설하여 강의를 담당하였고, 2013년에는 코오롱인더스트리(주) 엘로드클럽 부서의 자문위원으로, 2016년부터 2020년까지 (주)스트로크플레이의 기술위원으로 활동하였으며, 2015년부터는 (주)볼빅의 기술위원으로 활동하고 있다.

골프 관련 저서로는 대학 교재인 『골프역학 역학골프』(청문각, 2009), 골프 상급자와 지도자의 필독서인 『역학으로 배우는 골프』(한승, 2010), 이종원의 역학골프 시리즈 1편인 『각도 알고 타수 줄이기』(좋은땅, 2011), 이종원의 역학골프 시리즈 3편인 『골프는 임팩트 경기』(좋은땅, 2021)이 있다.

2022년부터는 유튜브 크리에이터(채널: 이종원의 역학골프, 핸들: youtube.com/@mechanicalgolf)로 골프 지도자와 중, 상급자 대상으로 『역학으로 배우는 골프』의 보급 및 교육에 정진하고 있다.

미국 유학 시절인 1977년 골프에 입문하였다.

이종원의 역학골프 2:

생각하는 퍼팅

지은이 이종원
표지 디자인 이보라미